中国轻工业“十四五”规划立项教材
高等职业教育市场营销专业精品教材

团队管理实务

主　编　张晓燕　谭卫东
副主编　徐苏兰　倪　雪　章大林
参　编　徐　旭　崔恒文　张　雷

中国轻工业出版社

图书在版编目（CIP）数据

团队管理实务 / 张晓燕，谭卫东主编. --北京：中国轻工业出版社，2025. 1. --（中国轻工业“十四五”规划立项教材）（高等职业教育市场营销专业精品教材）.

ISBN 978-7-5184-4998-9

Ⅰ. C936

中国国家版本馆CIP数据核字第2024YT3739号

责任编辑：李金慧　　责任终审：劳国强　　设计制作：锋尚设计

策划编辑：张文佳　　责任校对：晋　洁　　责任监印：张　可

出版发行：中国轻工业出版社（北京鲁谷东街5号，邮编：100040）

印　　刷：艺堂印刷（天津）有限公司

经　　销：各地新华书店

版　　次：2025年1月第1版第1次印刷

开　　本：787×1092　1/16　印张：12.25

字　　数：290千字

书　　号：ISBN 978-7-5184-4998-9　定价：59.80元

邮购电话：010-85119873

发行电话：010-85119832　010-85119912

网　　址：http://www.chlip.com.cn

Email：club@chlip.com.cn

230861J2X101ZBW

前言

团队管理在现代组织运作中占据着至关重要的地位，无论是项目管理、产品研发、市场开拓、营销策划、商务谈判，还是产品销售等诸多场景都需要团队成员合作完成。组织通过有效的团队管理，可以提升工作效率、增强团队凝聚力、培养优秀人才，为组织的长远发展奠定坚实基础。团队管理能力是现代企业优秀管理者必备的基本职业技能。学生通过学习，可以提升团队建设和管理能力、团队战略决策能力以及激励团队能力，为将来从事管理工作岗位奠定坚实的基础。

全书分为六个模块，每个模块由课前自学、自学自测、课中训练、思政园地、课后实战、技能测试六个部分组成。

模块一主要介绍了团队的内涵、特点、构成要素、成员角色、作用和类型。通过学习训练使得学生能够根据组织目标组建不同类型的团队。

模块二主要介绍了团队沟通、团队激励和团队领导艺术。通过学习训练使得学生掌握高效团队沟通和激励的方法，能够有艺术地领导团队。

模块三主要介绍了团队凝聚力、团队信任合作和团队士气。通过学习训练使得学生能够掌握增强团队凝聚力的方法和手段，能够营造团队信任的氛围，能够鼓舞团队士气。

模块四主要介绍了团队冲突概述、团队冲突的过程和团队冲突处理。通过学习训练使得学生能够根据冲突的不同阶段采取措施解决冲突，能够掌握消除破坏性冲突和激发建设性冲突。

模块五主要介绍了团队绩效概述、团队绩效评估实施和奖励绩效。通过学习训练使得学生能够科学合理地实施团队绩效测评。

模块六主要介绍了创新的内涵、特征、内容、过程，创新思维和创新方法，通过学习训练使得学生能够突破创新思维障碍，创新地管理团队。

每个模块通过自学、训练和实战后，都有团队技能的自我测试，通过测试进一步检验知识、技能和素质的提升状况。

本书遵照高等职业教育培养技术技能型人才要求，结合高素质应用技术技能型人才需求所需的知识、技能和素质构建课程框架体系，既符合工商企业基层管理工作岗位的实际，又符合认知规律和教学规律。同时，按照“以学生为中心”、教师好教、学生好学、立体化教材开发、活页式装订、模块化技能训练、突出知识应用及能力培养的思路编写教材。本书主要具有以下特点。

（1）新形态、立体化、活页式教材，“以学生为中心”组建教学单元。扫描二维码获取微课、动画等教学资源，将纸质教材、在线课程网站线上线下教育资源有机衔接起来。

（2）知识点与技能点相结合。每个模块均包含课前自学→课中训练→课后实战三个环节。课前自学有微课等资源为课中实训提供了知识储备；课中实训采取体验式学习方式，通过一系列科目游戏和情境活动让学生体验领悟团队管理的要领；课后实战通过组建运营不同类别的项目团队，让学生进一步提升团队管理的技能。

（3）高行动与高反思相融合。本书构建了团队共训、主动学习、深度反思的融合教学模式，将管理者应具备的综合素质和技能通过一个个实训设计，让学生在实训中提高技能，在行动中反思，切实提高了分析问题和解决问题的能力。

本书内容可按照48～64学时安排实训，推荐学时分配为：模块一4～10学时，模块二10～12学时，模块三10～12学时，模块四8～10学时，模块五8～10学时，模块六8～10学时。教师可根据专业人才培养方案要求和课程考核类型灵活安排学时。课前通过在线课程资源学习理论知识；课堂通过体验式素质拓展训练领悟团队管理的要领；课后通过团队运营实战进一步提升团队管理技能。

本书由徐州工业职业技术学院张晓燕和谭卫东担任主编，徐苏兰、倪雪、章大林担任副主编，江苏京东信息技术有限公司徐旭、江苏徐矿能源股份有限公司崔恒文和江苏天裕能源科技集团有限公司张雷共同参与编写了本书。本书在编写的过程中，参考了国内外相关优秀教材，以及团队管理技能测试量表，在此谨向有关作者致以衷心的感谢！

由于编者水平有限，加之编写时间仓促，书中难免有疏漏、不妥之处，恳请广大读者批评指正。

编者

目 录

模块一
团队管理认知

课前自学……2
一、团队的内涵……2
二、团队的特点……2
三、团队的构成要素……3
四、团队的成员角色……4
五、团队的作用……5
六、团队类型……7
课中训练……12
实训一　团队认知训练……12
实训二　团队组建训练……15
课后实战……18
社群营销团队实战……18
实战一　构建社群……18
实战二　运营社群……20
实战三　打造社群品牌……23
实战四　线下社群活动……24
技能测试……26
测试1：高效和无效群体评估表……26
测试2：团队角色测试……27

模块二
团队领导培育

课前自学……32
一、团队沟通……32
二、团队激励……35
三、团队领导艺术……40
课中训练……45
实训一　团队沟通训练……45
实训二　团队激励训练……51
实训三　团队领导培育训练……58
课后实战……62
市场调研团队实战……62
实战一　组建调研团队……62
实战二　调研前期准备……63

实战三　组织实施调研……65
实战四　撰写市场调研报告……66
技能测试……68
测试1：团队沟通能力测试……68
测试2：领导力之决策果断……69
测试3：团队领导模式测试……69

模块三 团队精神塑造

课前自学……74
一、团队凝聚力……74
二、团队信任合作……76
三、团队士气……79
课中训练……82
实训一　团队凝聚力训练……82
实训二　团队信任训练……85
实训三　团队士气训练……89
课后实战……95
营销策划团队实战……95
实战一　组建营销策划团队……95
实战二　策划前期准备……96
实战三　营销组合策划……97
实战四　营销活动策划……99
技能测试……100
测试　团队价值评估……100

模块四 团队冲突管理

课前自学……102
一、团队冲突概述……102
二、团队冲突的过程……104
三、团队冲突处理……108
课中训练……113
实训一　团队讨论训练……113
实训二　团队决策训练……116
实训三　团队冲突处理训练……118
课后实战……123
短视频运营团队实战……123

实战一　组建短视频团队……123
实战二　创建短视频账户……124
实战三　拍摄和制作短视频……126
实战四　运营短视频……128
技能测试……130
测试　团队冲突管理能力测试……130

模块五
团队绩效评估

课前自学……134
一、团队绩效概述……134
二、团队绩效评估实施……137
三、奖励绩效……141
课中训练……144
实训一　团队绩效认知训练……144
实训二　团队绩效评估训练……147
课后实战……150
直播营销团队实战……150
实战一　组建直播营销团队……150
实战二　直播前期准备……151
实战三　实施直播……153
实战四　直播复盘及优化……154
技能测试……155
测试　正确评价下属工作……155

模块六
团队创新重生

课前自学……160
一、创新的内涵……160
二、创新的特征……160
三、创新的内容……161
四、创新的过程……162
五、创新思维……162
六、创新方法……168
课中训练……172
实训一　创新思维训练……172
实训二　团队创新训练……175

课后实战……180
商务谈判团队实战……180
实战一　商务谈判准备……180
实战二　商务谈判磋商……182
实战三　商务谈判签约……184
技能测试……185
测试　创新意识测试……185
参考文献……188

模块一

团队管理认知

学习目标

知识目标

1. 理解团队的内涵，了解团队的特点。
2. 掌握团队的构成要素，掌握团队的成员角色，理解和掌握团队的作用。
3. 了解团队的基本类型，了解团队类型的新发展。
4. 了解美国、欧洲和日本的典型团队。
5. 了解跨文化团队的管理现象。

能力目标

1. 能够组建团队并合理分配团队角色。
2. 能够根据组织目标组建不同类型的团队。

素质目标

1. 树立1+1大于2的团队协作意识。
2. 明确团队内角色定位与职责认知。
3. 具有团队合作精神，小组成员能够协调分工完成任务。

思维导图

- 模块一 团队管理认知
  - 课前自学
    - 一、团队的内涵
    - 二、团队的特点
    - 三、团队的构成要素
    - 四、团队的成员角色
    - 五、团队的作用
    - 六、团队类型
  - 课中训练
    - 实训一　团队认知训练
    - 实训二　团队组建训练
  - 课后实战
    - 社群营销团队实战
      - 实战一　构建社群
      - 实战二　运营社群
      - 实战三　打造社群品牌
      - 实战四　线下社群活动

课前自学

一、团队的内涵

团队概述

美国学者罗宾斯认为，团队是指一种为了实现某一目标而由相互协作的个体所组成的正式群体。由此可见，团队本质上是一种通过成员之间高度积极、自觉的协作来实现群体统一目标的组织形态。

二、团队的特点

1. “机构”具有不确定性

如果把团队看作一种“机构”，则它的组建、调整和撤销需要根据组织的实际情况决定，甚至随时会有变更。而由一般群体构成的职能部门则是一个较稳定的机构。

2. 职责明确

团队对其中每个成员的工作职责范围划分得很明确，并且规定了信息的出口和入口，有严格的工作流程。一般群体则是部门职能很清楚，而每位成员的具体工作往往由部门经理安排。

3. 没有等级区别

在团队之中，没有等级制，只有团队协调人。团队协调人既可以由组织任命，也可以由团队成员选举产生。团队协调人与团队的其他成员关系平等，没有命令团队其他成员工作的权力，只是在团队内部发生冲突和团队对外交往时起到调解人的作用。群体则有部门经理，且部门经理一般很难更换。

4. 成员都具有决策权

团队中的成员要对自己的岗位负责，因而都拥有一定的决策权，可以直接向组织的决策层反映意见。而在一般群体中，成员则往往听从本部门管理者的工作安排，成员有意见往往只能反映到部门经理那里，很难到达决策层。

5. 信息沟通充分

在团队之中，信息沟通的方向是平行的。而一般群体的信息沟通是依据组织的层级结构，按先“自下而上”，再“自上而下”的垂直方向进行的。

6. 有利于取得效益

团队效率高，成员们“马不扬鞭自奋蹄”，组织的高层领导人需要直接处理的事情很少，因而能够把精力集中在本组织重要问题的处理和重大决策上。而一般群体中，成员被动听从本部门管理者的工作安排，很难自我激励，发挥工作积极性。

三、团队的构成要素

团队的构成有几个重要的要素，管理学家把它们总结为“五个P”，具体如下。

1. 目标（Purpose）

每个团队都应该有一个既定的目标，这可以为团队成员们导航，使其知道向何处去。没有目标的团队是没有存在意义的。

2. 人员（People）

个人是构成团队的细胞，一般来说，三个人以上就能构成团队。团队目标是通过其成员来实现的，因此，人员的选择是团队建设与管理中非常重要的部分。

3. 团队定位（Place）

团队定位包含两层意思：一是团队整体的定位，包括团队在组织中处于什么位置，由谁选择和决定团队的成员，团队最终应该对谁负责，团队应该采取什么方式激励下属等；二是团队中个体的定位，包括各个成员在团队中扮演什么角色，是指导成员制订计划，还是具体实施某项工作任务等。

4. 职权（Power）

团队的职权取决于两个方面：一是整个团队在组织中拥有什么样的决定权；二是组织的基本特征，如组织的规模有多大、业务是什么等。

5. 计划（Plan）

从团队的角度看，计划包括两层含义：一是目标的最终实现需要一系列具体的行动方案；二是按计划进行可以保证团队的工作顺利，只有在计划的规范下，团队才会一步步地贴近目标，从而实现最终目标。

四、团队的成员角色

从一般意义上讲，团队中存在九种成员角色。

1. 革新者

革新者富于想象力，喜欢创新和变革，独立性较强，愿意按照自己的工作方式和节奏行事。

2. 倡导者

倡导者乐意接受并支持新观念。在革新者提出新创意后，他们善于利用并找到资源支持新创意。

3. 开发者

开发者具有很高的分析技能，尤其是在决策前，他们擅长评估、分析几种不同方案的优劣。

4. 组织者

组织者喜欢制定操作程序，以使新创意逐步成为现实。他们会设定目标，制订计划，组织人、财、物、信息等资源，创建种种制度，以保证按时完成任务。

5. 生产者

生产者与组织者相似，他们也关心活动的成果，但他们的主要着眼点在于必须按时完成任务，保证所有承诺都能兑现。他们注重产品的品质，使产品合乎标准。

6. 核查者

核查者最关心的事情是规章制度的建立和贯彻执行。他们善于核查细节，并保证避免出现任何差错。他们希望核查所有的事实和数据，在产品质量的检验上精益求精。

7. 维护者

维护者对做事的方式有强烈的信念。他们在支持团队内部成员的同时，会积极地保护团队不受外来者的侵害。他们对团队而言非常重要，因为他们能够增强团队的稳定性。

8. 建议者

建议者是很好的听众，他们愿意在做出决策之前得到更多的信息，而不愿把自己的观点强加于人。因此，他们在鼓励团队做决策之前充分搜集信息而不是匆忙做决策方面，起着非常重要的作用。

9. 联络者

联络者倾向于了解所有人的看法，他们是协调者，是调查研究者。他们不喜欢行为方式走极端，而是尽力在所有团队成员之间建立合作关系。他们认识到，团队成员可以为提高团队绩效做出各种不同的贡献，尽管可能存在差异，但他们会努力把“人”和“活动”整合在一起。这种角色与其他角色可以重叠，或者说上述八种角色中的任何一种都可以扮演这种角色。

五、团队的作用

1. 充分利用资源

首先，任何组织现存的各种资源都往往存在着不平衡，其部分冗余不可避免。实行团队制，可以在组织原有的工作不受影响的情况下开拓许多新的工作领域，完成更多的工作任务。

其次，当某种工作任务需要多种技能、渠道和经验时，显然，由若干成员组成各有特色并集思广益的团队来做，通常会比个人干得更好，因为团队有助于组织更好地利用组员的才能。

最后，在复杂多变的环境中，团队工作的模式比传统的部门结构更灵活，反应更迅速、它快速地组合、重组、解散，这也可以大大提高组织资源的利用率。由此，以完成专门任务为目的的“团队”也就逐步发展成熟。

2. 增强组织效能

增强组织效能的团队作用，主要体现在以下三个方面：①完善组织结构；②强化组织氛围；③增强组织灵活性。

（1）完善组织结构。团队组织有利于改变组织的沟通状况，使团队成员加强交流，这有利于弥补组织的一些缺陷。而且，团队及其成员有对整体组织的共同承诺，鼓励个体把个人目标升华为团队和组织的目标，共同为组织的目标而努力，强化整体组织的结构和战斗力。

（2）强化组织氛围。当组织员工只关心个人的工作目标时，他们往往会与其他同事工作目标的实现发生摩擦，这种摩擦不仅造成损失，还造成员工的不愉快。“不愉快”也会造成损失，这种损失比摩擦造成的损失要大得多。团队成员能够满足人的归属需要和成员之间的情感需要，他们为了整个团队的共同目标而奋斗，也为了实现团队的目标而主动地谋求合作，合作不仅会减少冲突，而且会创造良好的局部工作氛围以及良好的组织总体氛围。

（3）增强组织灵活性。市场环境的新变化是组织普遍采用团队形式的主要原因，任何组织要想在激烈的竞争环境下生存、发展，都必须改变过去等级分明、决策缓慢、机构臃肿、人浮于事、对外界变化的应变能力差的管理模式。团队工作以灵活和柔性为其提供竞争战略，给予团队成员必要的团队工作技能训练，团队的共同价值取向和文化氛围使组织能更好地应付外部环境的变化和适应组织内部的改革、重组。

3. 提高组织决策效能

团队工作模式以计算机网络、信息处理软件为支撑技术，团队成员之间的协调和联系通过汇总线上的共享信息，提高了组织决策效能。

4. 提升内在工作动力

提升内在工作动力的团队作用，主要体现在以下两个方面：一是增加自主决策权；二是褒奖动力和约束惰性。

（1）增加自主决策权。实行团队体制，能够达到促进组织成员对工作高度参与和自主决策的激励功效，这就使得团队成员能够产生巨大的工作动力。团队中的民主气氛和成员对团队及对整个组织的归属感，使团队成员能够提高工作参与度，通过工作参与满足自身的成就感等心理需求。

（2）褒奖动力和约束惰性。一方面，工作团队由传统的组织中的被动接受命令转变为拥有独立的决策权，团队成员拥有一个更大的活动天地，享有宽松、自主的环境，极大地激励团队成员的工作积极性和创造性；另一方面，团队的气氛会给那些因存在“免费搭便车”的企图而产生偷懒动机的参加者施加压力，迫使他们为团队的绩效、荣誉而努力工作。

5. 增强凝聚力

团队鼓励每个参与者把个人目标升华为团队目标并做出承诺，这有利于建立共同的价值观，促使团队成员在工作中有更多的沟通和理解，共同应付工作的压力，有利于增强凝聚力。

6. 充分体现人本管理

团队鼓励其成员一专多能，并对团队成员进行工作扩大化训练，要求团队成员积极参与组织决策。由于团队工作形式培养了团队成员的技术能力、决策和人际处理能力，使团队成员从机器的附属中解放出来，所以，团队充分体现了以人为本的管理思想。

7. 多方面促进组织效益提高

团队这种形式有产生正向协同作用的功能，它可以大大提高局部组织的生产效率和整体的经济效益。当工作任务和日常决策权交给团队后，团队可以自动运转起来，管理层就能够摆脱日常事务管理而去思考和处理更重要的问题。同时，决策权下放给团队，团队就能够根据环境的变化灵活处理问题，有利于组织的目标和决策较好地实现，从而达到促进组织绩效提高和组织发展的目的。

总之，从全球的角度看，团队建设和管理的潮流在发展、推进，这说明团队形式是成功的。但是，这种成功又是有条件的。有研究发现，在利润、生产率、产品质量都处于劣势的组织中，即使采用团队形式也很难对绩效产生影响，团队在这里无“回天之力”；而在一些已经有了高绩效的公司中，引入团队反而有可能使绩效水平降低。因此，对团队不能一味推崇，而应当科学、合理地加以研究和运用。

六、团队类型

早期的团队类型主要有问题解决型团队、自我管理型团队和多功能型团队，随着团队管理在现代管理中的作用日益突出，团队类型出现了一些新的发展，具体内容如下。

团队类型

1. 跨部门（组织）团队

（1）跨部门（组织）团队的兴起。跨部门团队，是在一个组织内部消除部门分割、实现提高企业内部业务流程效率的组织变革的结果；而跨组织团队，则是对传统组织界限的超越，是对企业外部流程或者市场的重组。

（2）跨部门（组织）团队的特点。一是体现“通才”特征的团队，二是各项职能齐全的团队。

①体现“通才”特征。现代企业的工作非常复杂，涉及的知识面非常广，因此，现代企业的流程工作更多时候是不可能由个人式的通才来完成的，只能是以工作团队通才的形式来完成。由此可见，现代企业流程再造的组织基础是跨部门（组织）团队，这种类型的团队从整体上体现了“通才”的特点。

②各项职能齐全。传统的工作部门小组是按职能划分的，它是工序在功能上的放大。在工作部门小组内工作的一群人，实现的功能比较单一，所构成的群体是一个同质的群体：工作部门小组不仅在横向方面分工严密，而且在纵向上存在等级关系。如此一来，在传统组织中，一个流程往往横跨几个部门，流程的运行效率低，运转周期长。而在跨部门（组织）团队中的工作小组是一个异质结构，其功能比较强，它能实现一个流程的功能，或者至少能完成一个流程中较为完整和复杂的任务。

（3）跨部门（组织）团队的绩效评估。做好跨部门（组织）团队的绩效评估，是跨部门（组织）团队实现其功能的重要方面，这可以通过以下几个方面来执行。

①打破部门（组织）评估的标准。既然团队是跨部门、跨组织的，对其进行绩效考核自然也应当借助以完成任务的“人”、以团队成员为中心的跨部门评估体系，这样，无论团队成员在哪个部门都可以进行追踪评估。

②注意评估的全面性。为了避免跨部门（组织）团队的绩效评估因为竞争导致不科学，可以在“业绩评价”的基础上附加“行为评价”。行为评价由团队领导、团队成员一起来对该团队其他成员的行为打分评价，比如，可规定业绩分数占75%、行为分数占

25%。除此之外，还可以引入“自我评价”，此评价的结果作为团队成员行为评价的参考。

③注意与人力资源管理部门的合作。对于跨部门（组织）团队的绩效评估，团队领导要参与全过程。团队领导要与人力资源管理部门一起确定评估标准，设计评估系统，因为评分标准的准确性与公平性对评估的成败影响很大。为此，人力资源管理部门要对团队领导进行培训，以提高评估的准确性与合理性。

④做好标准化工作。标准化具体包括考评目标标准化、考评程序标准化、考评组织标准化、考评方法和手段标准化。在进行跨部门（组织）团队绩效考评时，涉及很多部门和人员，要想做到对每一名团队成员一视同仁、客观公正，就必须做好标准化工作。

2. 学习型团队

（1）学习型团队的兴起。学习型团队源于美国麻省理工学院彼得·圣吉教授于1990年出版的《第五项修炼——学习型组织的艺术与实务》一书，融合了团队管理、组织学习、创造原理、认识科学、群体深度讨论、模拟演练游戏等，而发展出一种人类梦寐以求的组织蓝图——学习型组织。

（2）学习型团队的特点。学习型团队在系统地解决问题、采用新的方法进行实验、从自己过去的实践中学习、从他人的经验和优秀实践中学习、在组织中迅速有效地传递知识五个主要方面出类拔萃。学习型团队具有区别于其他团队的鲜明特征，即：①强目的性；②强认同性；③强当下性；④强引导性；⑤强开放性。

学习型团队包含三个截然不同但又相互关联的学习层次。

第一个层次是个人学习——通过自学，借助技术的教导和观察，取得技能、洞察力、知识、态度和价值观等方面的改变。

第二个层次是团队学习——团队内部完成的，在知识、技能和能力等方面的增长。

第三个层次是组织学习——组织内部倡导并推动持续改善而获得智慧、能力和生产效率的提升。

（3）学习型团队文化的特征。学习型团队文化以其独特的内容区别于其他类型的团队文化，主要表现为共同愿景、畅通的信息渠道、群体互动式的学习方式、知识共享的氛围、有效的激励机制等。

①共同愿景。共同愿景是学习型团队文化的基础、核心，是指导团队成员行为的哲学。

②畅通的信息渠道。在学习型团队文化环境中，团队需要的各种信息通过纵向信息沟通、横向信息沟通、斜向信息沟通三种渠道得到有效沟通。

③群体互动式的学习方式。团队成员根据自己的最高愿景和团队追求的共同目标进行群体互动式的学习，进而提高了知识使用的效率。

④知识共享的氛围。知识共享有益于团队和个人发展的观念根植于学习型团队的成员中，有利于团队中形成公开交流、分享经验、共享知识的氛围。

⑤有效的激励机制。在学习型团队文化中，从上到下建立健全评估和激励体系，对团队成员的学习和创新给予支持和奖励，从而形成良性循环，提高激励的有效性。

3. 虚拟团队

（1）虚拟团队的兴起。所谓虚拟团队，是一种以虚拟组织形式出现的新型工作组织模式，是一些人由于具有共同理想、共同目标或共同利益，结合在一起所组成的团队。从广义上说，虚拟团队早已应用在真实的团队建设世界里。虚拟团队只需要通过电话、网络、传真或可视图文来沟通、协调，甚至共同讨论、交换文档，便可以分工完成一件事先拟定好的工作。换句话说，虚拟团队由进行实际工作的真实的团队人员组成，在虚拟的工作环境下，以及在虚拟组织的各成员相互协作下提供更好的产品和服务。

（2）虚拟团队的特征。虚拟团队作为一种新型的团队形态，具有不少优于传统的实体性团队的特征。具体表现为以下几点。

①组织资源的最优整合。虚拟团队大多是跨企业或企业的子公司，甚至是跨地区、跨国家界限的组织形式。虚拟团队以信息技术为支撑，进行跨地区的实时交流，完成特定任务，因而团队边界非常宽泛。虚拟团队在整合团队的各种资源时，要按照同时在团队内部和跨越团队边界的范围来进行，其资源的选择余地和优化程度可能非常高。

②多元文化的最优整合。虚拟团队是由不同国籍、不同文化背景，承担不同经营管理职能的个人构成的跨国界团队。虚拟团队的这种多元文化特征，可以帮助团队成员具有全球化的视野和意识，提高团队成员国际知识水平和跨文化交流的能力、多元文化意识，避免公开和潜在的文化冲突与障碍。

③低成本，高效率。虚拟团队的大部分信息交流活动都是借助于互联网和通信技术等来完成的，从而减少了公务差旅费、办公与会议场地的租用费等一系列费用。IBM公司采用虚拟团队模式减少了世界各地的办公室数量，既能够大幅度节省费用，又能够大幅度提高生产率。惠普公司的统计数据表明，以虚拟团队方式工作的销售人员，其利润水平是传统销售人员的2倍。

④满足成员对高品质工作和生活的需求。虚拟团队成员可以实现“在家办公”，这有利于帮助成员调整工作和闲暇时间，满足组织员工追求高品质工作和生活的双重需要，从而达到提高生产率和提高员工满意度的双重功效。

⑤功能特点专长化。虚拟组织只保留自己的核心专长及相应的功能，比如，专于设计的，就只保留设计功能，专于制造的，就只保留制造功能，而将其他非专长的能力及相应的功能去掉。“专长化”可以看作是对实体组织“完整化”的否定。

⑥运作方式合作化。虚拟团队完成一个项目时必须借助于其他能在功能和资源上形成互补关系的企业，通过和其他企业的合作来完成一次运作过程。在虚拟团队运作过程中，通过合作关系形成一个合作网络，在这个合作网络上，每个团队成员都不具有驻留性，即在合作网络上不时有网络中的企业离去和网络外的企业进入——进进出出均依据项目需要而定。

⑦存在方式离散化。虚拟团队本身在空间上的存在不是连续的，它的资源、功能呈离散状态分散在世界的不同地方，彼此之间通过高效的信息网络连接在一起。高效的信息传递超越了时空障碍。

4. 发达国家的团队模式

（1）美国的自由团队。一般来说，美国组织对团队的控制较弱，多数组织都给了团队充分的自主权，每个团队除了不能改变生产计划、质量标准之外，不受任何监督和控制。除了致力于改进工作流程之外，他们还对自己的培训、假期做出计划，决定团队入围人选，评估团队中的伙伴。

（2）欧洲的精英团队。欧洲的精英团队主要代表有法国的米其林公司、德国的贝塔斯曼公司、意大利的百胜集团、西班牙的蒙特拉贡合作公司。

欧洲的团队管理具有以下特点。

第一，引入团队模式的同时，仍然保持着极强的自上而下的管理和指导方式，组织控制程度较强。

第二，欧洲的团队主要出现在创新工作领域，并且独立于日常活动之外，受到高级管理层的保护，组织给予特别的资源支持。

（3）日本的附属团队。日本企业的团队本身自愿终生依附于组织，而组织也有将其视为自己保护和照顾对象的强烈倾向，因此，团队和组织之间有类似亲子的关系。组织对团队的控制是通过团队自愿要求和接受来进行调整的，同时，由于团队是日本企业的基本组织与工作模式，所以，团队并不是作为特殊对象受到企业的特别保护，而只是受到平等的待遇。

5. 全球化中的跨文化团队

经济全球化是一种迅速扩大的国际趋势，随着这种趋势，各种组织中出现了大量的国籍、民族、语言、习俗差异巨大，人员来源不同的跨文化团队，其主要管理方法有以下几种。

（1）了解并展示文化差异。作为跨文化团队的管理者，必须学会尊重客观存在的各种文化差异，这是成功管理跨文化团队的基本前提。然而，了解差异并不等于懂得如何面对和处理差异，还应该帮助每一个团队成员了解和面对多元文化，协助团队成员解决因文化差异造成的工作配合不协调的问题。

（2）了解成员对团队的认识。一般情况下，团队成员对于团队很难有完全相同的看法，因此，应该通过提出并讨论“什么是团队”和“我们团队的目标是什么”的议题，使团队成员们探究不同的观点。进而，领导者说明对本团队运作方式和业绩的期望，说明所采用的领导方式是什么等，增强团队成员对跨文化成员组成的团队的认识。这是消除内部隔膜、促进跨文化团队有效运行并强化其效果的重要举措。

（3）关注团队内部的发展。跨文化团队的融合进度一般比单一文化的团队要慢，因此，与其关注团队每天的工作，不如关心如何稳固这种团队的根基、关系的发展与内部的合作。可以采取这样的方法促进团队成员的共识、促进团队的发展：请代表不同文化的团队成员进行报告，让每一个人都有机会了解其他文化背景的人的想法与做法。

要努力为跨文化团队安排一些社交活动，借以增进所有成员与他人的文化沟通，要鼓励所有的团队成员对其他成员的语言有粗浅的认识。对于多元文化而言，可以创造些能够超越文化的词汇，并以较简单的语汇或方法加以解释。

（4）协助跨文化团队建立自己的价值观。当整个团队对工作涉及的所有重要价值有了共识以后，跨文化团队才能真正形成，也才有团结协作的局面。应当指出，只有在不破坏成员对自身文化认同感的基础上，才可能建立起超越文化差异的共同价值观，从而建立基于相互信赖的长期工作关系和自觉的而不是勉强以致痛苦的行为标准。

自学自测

一、单选题

1. 李某作为一支有效团队的领导者，如其他高效团队中的领导者一样，会在团队发展的每一个阶段扮演三个角色：工作需要、团队需要、个人需要。这三者之间的关系是（　　）。
   A. 都是1/3平衡的
   B. 个人需要占主要地位
   C. 团队需要占主要地位
   D. 根据发展的各个阶段，所占的地位有所不同
2. 关于团队建设，说法不正确的是（　　）。
   A. 团队的类型有很多，所以说一个团队只能属于其中一种类型
   B. 团队工作的效率大于个人的工作效率之和
   C. 任何一个团队，其发展都要经过四个阶段
   D. 团队中必须具有互补的角色才能和谐地发展
3. 确定共同目标，建立组织架构属于企业团队的良性构建的（　　）。
   A. 组建适应期　　B. 冲突调适期
   C. 认同协作期　　D. 成熟收获期
4. （　　）的特点是分开来都很强，但合起来就很弱。
   A. 牦牛团队　　B. 螃蟹团队
   C. 大雁团队　　D. 蚂蚁团队
5. （　　），成员来自组织的不同职能领域，需要一起完成共同商定的具体目标。目的是通过培养总周期时间心态，学习总周期时间方法，对关键业务流程实施持续改进，从而快速提高组织的全球性竞争力。
   A. 跨部门（组织）团队　　B. 学习型团队
   C. 跨文化团队　　D. 虚拟团队

二、多选题

1. 团队的构成要素包括（　　）。

A．目标
B．人员
C．团队定位
D．职权
E．计划

2．以下哪些是团队的成员角色（　　）。

A．革新者
B．倡导者
C．组织者
D．生产者
E．联络者

3．团队的作用有（　　）。

A．充分利用资源
B．增强组织效能
C．提高组织决策效能
D．增强凝聚力
E．多方面促进组织效益提高

4．学习型团队的特点有（　　）。

A．强目的性
B．强认同性
C．强当下性
D．强引导性
E．强开放性

5．学习型团队文化的特征有（　　）。

A．共同愿景
B．畅通的信息渠道
C．群体互动式的学习方式
D．知识共享的氛围
E．有效的激励机制

三、简答题

1．一支优秀的团队有哪些方面的特征？
2．团队有哪些类型？你的团队属于其中哪种类型？
3．团队有哪些构成要素？
4．团队的成员角色有哪些？你通常在团队里充当什么角色？
5．团队有哪些作用？

课中训练

实训一　团队认知训练

动画：团队管理的魅力

科目1——背传篮球

训练目的　认识群队与团队的本质区别。

材料道具　篮球或者气球。

训练时间　10～15分钟。

规则程序

（1）先选出10位学生组队，告诉他们队伍将要接受的任务，让学生之间进行磨合，商量对策10分钟，组成临时团队。

（2）再随机抽取10位学生组成群队，不给予磨合时间。

（3）随后宣布游戏规则，每队中2人一组，一起背对背夹住篮球，走5米来回，把篮球给第2组队员，组内进行运输篮球接力。

（4）2个队伍进行比赛，看哪个队最先到达终点。

问题讨论

（1）一群人与团队有什么不同？

（2）经过磨合商量组成临时团队是怎样胜过另外一个没有磨合商量的组队，这有助于团队击败群队吗？

（3）一群人应怎样变成一个团队？

团队角色

本科目训练中你在组内的角色，请在右侧4种角色中选择符合自己的打“√”	（1）意见领袖	（2）响应者	（3）反对者	（4）观望者

个人感悟

科目2——传输塑料棍

训练目的　认识团队建设的重要性。

材料道具　2～3米长的轻质塑料棍或者报纸。

训练时间　10～15分钟。

规则程序

（1）准备一根2～3米的轻质塑料棍（最好可伸缩，用报纸折成也可）。

（2）让小组成员站成相对的两列或者并排一列，让小组成员全部将双手举到自己的眉头的位置。

（3）将轻质塑料棍放在每个人的双手上（可以是平行伸出的两个食指）。注意：必须保证每双手都接触到轻质塑料棍，并且手都在轻质塑料棍下面。

（4）要求小组成员将轻质塑料棍保持水平，小组成员的任务是在保证每个人的手都在轻质塑料棍下面的情况下将轻质塑料棍完全水平地往下移动。一旦有人的手离开轻质塑料棍或轻质塑料棍没有水平往下移动，任务就算失败。

问题讨论

（1）如果是一个人完成这个任务，是易还是难？

（2）有时一个人做的工作由几个人来做，它比一个人干时还要不容易完成，是什么原因呢？

（3）如果小组中有任何一个人不同于组织的共同节奏，轻质塑料棍将无法保持水平下降，这说明什么问题？

（4）如何使得一群人转变成为优秀的团队？

团队角色

本科目训练中你在组内的角色，请在右侧4种角色中选择符合自己的打“√”	（1）意见领袖	（2）响应者	（3）反对者	（4）观望者

个人感悟

科目3——传瓶游戏

训练目的

（1）不要低估自己的能力，不要首先为自己的工作和学习找借口，怀疑自己的能力，要以积极的态度面对问题。

（2）看似不能实现的目标，在团队智慧的合作中能非常出色地完成。

材料道具 玻璃瓶。

训练时间 10～20分钟。

规则程序

10人一组，在最短时间内从第一名到最后一名，然后再到第一名，传递3个瓶子，依次传递，若掉在地上，按10秒处理。可借助工具，每个瓶子保证要在每个人手上传递，每组设定时间目标后分几轮操作然后得实际结果。

问题讨论

（1）如果是一个人完成这个任务，是易还是难？

（2）一个人做的工作由几个人合作完成，有时容易完成，是什么原因呢？

（3）如何使得一群人转变成为优秀的团队？

团队角色

本科目训练中你在组内的角色，请在右侧4种角色中选择符合自己的打“√”	（1）意见领袖	（2）响应者	（3）反对者	（4）观望者

个人感悟

实训二 团队组建训练

科目1——松鼠与大树

训练目的 在混乱中迅速找到你的合作伙伴，考察学生建立新团队的能力。

材料道具 无。

训练时间 10～20分钟。

规则程序

（1）事先分组，三人一组。二人扮大树，面对对方，伸出双手搭成一个圆圈；一人扮松鼠，并站在圆圈中间；教师或其他没成组的学生担任临时人员。

（2）教师喊“松鼠”，大树不动，扮演“松鼠”的人就必须离开原来的大树，重新选择其他的大树；教师或临时人员就可以临时扮演松鼠并插到大树当中，落单的人应表演节目。

（3）教师喊“大树”，松鼠不动，扮演“大树”的人就必须离开原先的同伴重新组合成新大树，并圈住松鼠，教师或临时人员应临时扮演大树，落单的人应表演节目。

（4）教师喊“地震”，扮演大树和松鼠的人全部打散并重新组合，扮演大树的人可扮演松鼠，扮演松鼠的人也可扮演大树，教师或其他没成组的人也插入队伍当中，落单的人应表演节目。

问题讨论

（1）你能迅速与陌生人打招呼吗？

（2）短时间内你能接纳他人，并建立朋友关系吗？

团队角色

本科目训练中你在组内的角色，请在右侧4种角色中选择符合自己的打“√”	（1）意见领袖	（2）响应者	（3）反对者	（4）观望者

个人感悟

科目2——组建团队

训练目的 初步组建团队。

材料道具 彩纸、彩色布（长宽1米左右即可）、彩色画笔、A4纸张适量。

训练时间 60分钟。

规则程序

（1）按每组5～8个人将学生分组，并编好组的序号。

（2）要求各组为自己起一个响亮的队名，并设计本队的队训、队歌、队旗（队标）。

（3）团队魅力展示，执行力从兑现承诺开始，各团队上台进行魅力展示。

问题讨论

（1）“团队”=“一群人”吗？是什么使得团队比同样的一群人可以创造出更多的东西？

（2）怎么能迅速组建一个团队？

团队角色

本科目训练中你在组内的角色，请在右侧4种角色中选择符合自己的打“√”	（1）意见领袖	（2）响应者	（3）反对者	（4）观望者

个人感悟

科目3——请按指令做

训练目的 明白其他团队成员发出的指令。

材料道具 复印好的测试题每人一份，钢笔每人一支。

训练时间 30分钟。

规则程序

（1）给每个队员发一份测试题。

（2）请他们拿到试题后先把试题正面朝下扣在桌上，直到每人都拿到试题。

（3）说明这次测试有时间限制，答题时间最长为3分钟，除此之外不要再做进一步的指示，然后说：“好了吗？预备，就位，开始！”

（4）时间到之后，请大家停下来，统计一下有多少人是按照运算规则做完试题的，有多少人是拿到试题就盲目去做的。

问题讨论

（1）你能完全按指令去做吗？为什么？

（2）你遵守游戏规则了吗？

（3）你的做事效率高吗？效果又如何？

（4）在团队里，你能明白其他团队成员发出的指令吗？

团队角色

本科目训练中你在组内的角色，请在右侧4种角色中选择符合自己的打“√”	（1）意见领袖	（2）响应者	（3）反对者	（4）观望者

个人感悟

思政园地

团结协作，勇攀高峰
——“嫦娥一号”研发团队

“嫦娥一号”研发团队是一支充满智慧与勇气的队伍，他们肩负着中国首次月球探测的重任。在这个团队中，每一位成员都怀揣着对航天事业的热爱与执着，共同为中国的航天事业贡献自己的力量。

该团队在研发过程中，展现出了极高的团队协作精神和专业素养。面对复杂的航天技术和严峻的挑战，团队成员之间始终保持紧密的联系与沟通，共同攻克了一个又一个技术难题。他们分工明确，各司其职，但又能够相互支持，共同进退。

在“嫦娥一号”的研制过程中，团队成员们付出了巨大的努力。他们不仅要面对技术上的挑战，还要克服时间紧迫、资源有限等困难。然而，正是凭借着团队的团结协作和每个人的不懈努力，他们最终成功地完成了任务，实现了中国航天史上的又一个重要里程碑。

“嫦娥一号”研发团队的成功，不仅体现在技术上的突破，更在于他们展现出的团队合作精神和无私奉献精神。他们用自己的实际行动诠释了什么是真正的团队精神，也为我们树立了榜样。

课后实战

社群营销团队实战

实战一　构建社群

动画：团队目标

任务1　构建社群

任务描述　以小组为单位，共同讨论构建一个可以在校内运营的社群，如舞蹈群、滑轮群、自习群、游戏群、读书群、登山群……，要求本社群可以满足后续的日常运营、线上线下活动、商业变现等目标，并填写社群定位表（表1-1），分析目标人群在这个群里的价值需求点。

表1-1　社群定位表

工作项目	结果分析	备注
社群名称		
社群目标分析		

续表

工作项目	结果分析	备注
社群目标人群 目标群体爱好 社群核心目标 社群输出价值		

任务2 选择社群工具

任务描述 对构建的社群进行具体的工具设计，可以是QQ、微信等，分析每一种工具的优劣势，根据社群特点确定用哪一种工具，并填写社群工具表（表1-2）。

表1-2 社群工具表

工具名称	优势	劣势	群成员使用该工具的习惯
QQ 微信			

任务3 社群成员分工

任务描述 以小组为单位，对社群进行具体设计，确定本社群的人员分工及工作职责，填写社群成员分工表（表1-3）。

表1-3 社群成员分工表

成员	工作职责	承担人
创始人 管理员 参与者 开拓者 合伙人 付费者		

任务4　设计群规则

任务描述　以小组为单位，对社群规则进行设计，并填写群规设计表（表1-4）。

表1-4　社群规则设计表

社群名称	
引入规则	
入群规则	
交流规则	
分享规则	
淘汰规则	
……	

实战二　运营社群

任务1　开展社群分享或社群讨论

任务描述　以小组为单位，根据自己创建的校园社群，分析社群性质、人员构成等，进行一次有意义的群分享/群讨论活动，制作一份活动策划书（表1-5）。

表1-5　社群分享活动策划书

××社群	
活动模式	（如群分享/群讨论）

续表

××社群	
分享主题	
分享原因	
活动通知	
活动准备	（准备事项）
活动进行中	（活动中的暖场、互动、控场的相关操作过程）
活动结束	（活动的收尾工作及活动经验总结）

任务2　设计社群打卡方式

任务描述　为自己所建社群设置打卡活动。打卡活动的目的有多种，开展这次打卡活动的目的要在活动之初明确。以打卡目的为前提，设置打卡主题，并填写如表1-6所示内容。打卡活动就是为了培养社群成员的习惯，在打卡活动进行时，需要灵活手段和保障措施来促进打卡活动顺利进行，请进行打卡主题活动设计，并填写表1-6。

表1-6　打卡主题活动设计

××社群打卡主题	
社群分析	
打卡活动的目的	
打卡主题	

续表

××社群打卡主题	
打卡形式	
设置门槛	
营造氛围	
对坚持打卡人员的奖励	
……	

任务3 设计发红包活动

任务描述 发红包可以活跃社群氛围（但这类活动仅限于部分允许发红包的单位使用），在哪些情况下才会发红包？红包有哪些玩法？需要设计玩转红包的玩法，具体做法填写在表1-7中。

表1-7 发红包活动设计

红包目的	发送时间/发送情境
活跃气氛	
新人报到	
激活成员	
宣布喜讯	
发布小广告	
……	
发红包的类型	**具体操作方法**
红包接龙	
专项红包	
抢红包	
设置红包金额	
……	

实战三　打造社群品牌

任务1　设计社群标识

任务描述　社群成立后，要有符合自己社群风格的群标识，运用所学知识，设计简单大方的群标识，并填写如表1-8所示内容。

表1-8　设计社群标识

社群类型	
社群特征	
社群标识展示	
社群标识的含义	

任务2　打造社群文化

任务描述　社群的建立需要有其独特的社群文化，根据所建或所选社群，分析打造社群文化，填写如表1-9所示内容。

表1-9　打造社群文化

社群个性化标签	
社群价值观	
如何建立社群成员归属感	
社群正能量	

任务3　借力名人打造品牌

任务描述　营销需要借助流量，而名人能够积聚大量粉丝，靠他们的影响力能够积累社群的人气，增强社群的影响力，从而达到营销的目的。请各小组根据自己所建或所选社群，选择合适的借力对象，填写表1-10。

表1-10　借力名人打造品牌

××社群	
名人姓名	
与社群的匹配点	
名人在社群中的作用	
实施计划	

任务4　实现社群变现

任务描述　本次实训为实现商业社群变现，要求各小组成员利用之前所建立的社群，通过商业化运营实现社群变现。以小组为单位，制定社群变现策略，并填写如表1-11所示内容。

表1-11　社群商业变现策略

社群名称	
社群用户特征	
社群变现方式	
社群变现策略与思路	
变现方法的具体实施	

实战四　线下社群活动

任务1　制定线下活动策划方案

任务描述　以小组为单位，根据自己小组所选社群，策划社群线下活动，制作一份具体、可执行的策划方案，并填写表1-12。

表1-12 社群线下活动策划方案

社群名称	
活动主题	
活动时间	
活动地点	
邀约嘉宾	
活动方式	
推广渠道	
效果预测	
成本估算	
……	

任务2 线下活动筹备

任务描述 线下互动需要邀约嘉宾、选择场地、寻求合作方，请小组成员共同合作完成上述任务，并填写表1-13。

表1-13 社群线下活动筹备

嘉宾邀约			
嘉宾姓名	邀约方式	邀请此人的原因	费用
场地选择			
场地名称	容纳人数	能够提供的设备	费用

续表

寻找合作方			
合作方名称	赞助金额或商品情况	社群能为合作方提供的服务内容	备注

任务3　线下活动实施及复盘

任务描述　活动结束后，总结整场活动各个环节和执行情况，对整体活动进行全面复盘，填写表1-14。

表1-14　社群线下活动实施及总结

活动整体执行情况	
活动现场回顾	
活动宣传情况	
费用使用情况，活动亮点及成功经验	
活动中的不足及原因	
对后续活动的建议	

技能测试

测试1：高效和无效群体评估表

先回忆一下你的群体或团队经历，从中选出“最好的”和“最坏的”。然后对照下表看看你是否同意表中关于高效、无效群体的表述。

表述	高效群体		无效群体	
	同意	不同意	同意	不同意
1. 群体成员都很忠诚	□	□	□	□
2. 好的结果产生于冲突	□	□	□	□
3. 成员之间应互相倾听	□	□	□	□
4. 不管团队成员的性别、文化、种族如何，他们都是平等的	□	□	□	□
5. 人人都应参与	□	□	□	□
6. 人们可以自由表达不同意见，对此不必感到恐惧	□	□	□	□
7. 成员之间相互喜欢	□	□	□	□
8. 群体成员经常一起讨论目标	□	□	□	□
9. 成员之间互相帮助	□	□	□	□
10. 每个人都恪尽职守	□	□	□	□
11. 领导者带领群体取得进步	□	□	□	□
12. 会议组织得井井有条	□	□	□	□
13. 群体能得到所需要的信息	□	□	□	□
14. 团队成员很幽默	□	□	□	□
15. 成员总用对或错、好或坏这样非此即彼的标准来考虑问题	□	□	□	□

测试2：团队角色测试

下面有七道测试题目，每道题目中有8个句子，根据自己的情况给每个句子打分，可以出现0.5分。在极端的情况下，也可以把10分全部分配给一个句子，当然很可能某几个句子的得分是零分。

（一）我认为我所能贡献给团队的是：

1. 我能够迅速看到并且利用机会；

2. 我非常善于同各种类型的人一起工作；

3. 我认为贡献思想、产生主意是我的一个天然资源；

4. 我的能力在于，不管什么时候，只要我觉得谁具备一定价值，我就能说服他为团队的目标做贡献；

5. 我认为善于跟进和落实对我的个人成就起很大作用；

6. 如果最终能有好的结果，我准备接受暂时的孤立；

7. 我经常能感觉出来什么是现实的和可行的；
8. 我善于在不带偏见的情况下，提出新的替代方案。

（二）如果我在团队合作方面有什么缺陷的话，我认为可能是：

1. 开会时，如果会议没有完整的结构，进程没有严密的控制，我会感到不安；
2. 对那些持有正确看法，却没有受到适当对待的人，我往往过于宽厚；
3. 每当团队讨论新想法时，我往往说得太多；
4. 我对目标的看法阻碍我满怀热情地与同事们相处；
5. 人们有时会认为，在必须做出某件事时我比较强制和专断；
6. 我发现自己不太容易在前面带领别人，可能是因为太在意团队气氛了；
7. 我太容易被各种主意所吸引，却忘记了眼下应该做什么；
8. 同事们认为我没有必要那么担心细节，也不必那么担心事情会出错。

（三）在与别人合作，共同完成一个项目时：

1. 我的态度会影响别人，不需要动用压力；
2. 对细节的关注使我避免粗心和疏忽；
3. 需要时我会敦促人们采取行动，确保会议没有浪费；
4. 人们指望我贡献创意；
5. 我随时准备支持对大家都有好处的建议；
6. 我总是热切寻找新的思想和新发展；
7. 我相信自己的判断力有助于形成正确的决策；
8. 在确保所有必需的工作都得到精心组织方面，我不负众望。

（四）在对待团队工作方面，我的特点是：

1. 我真诚地渴望深入了解同事们；
2. 我不怕挑战其他人的观点，也不怕成为少数派；
3. 我经常能找出一大串论点来拒绝没有道理的建议；
4. 我认为一旦计划要实施，我的才能在于让计划变成现实；
5. 我有一个倾向：避免一清二楚的东西，追求未知；
6. 对待任何我承担的工作，我都抱着追求完美的态度；
7. 我乐于动用团队以外的关系；
8. 一方面，我对所有主意都有兴趣，另一方面，在必须下决心时我绝不犹豫。

（五）我在工作中的满足感来自：

1. 我热衷于分析情况，然后权衡所有可能的选择；
2. 我对找出解决问题的方法特别有兴趣；
3. 我喜欢看到自己在工作中培植良好的人际关系；
4. 我对决策有很大的影响力；
5. 我能结识能够提供新东西的人；
6. 我能让人们同意行动路线；
7. 我能看到工作在我手中完成；

8．我喜欢找一个能挑战想象力的领域。

（六）如果突然接受一个困难的任务，时间紧张，人员又不熟悉，这时：

1．我想缩到角落里先想出一个走出僵局的思路，然后再制定行动方案；
2．我很乐意与那个能够给我最正面引导的人合作；
3．通过确定不同的人最适合做什么，我想办法把任务化小；
4．我的紧迫感将有助我们确保不延误工期；
5．我相信自己应该保持冷静，发挥自己敏锐的思考能力；
6．即使在压力面前我也坚持明确目的；
7．如果我觉得团队没有进展，我愿意担当积极的领导作用；
8．我会展开讨论，激发新的想法，推动事情开始启动。

（七）在遇到问题时：

1．对那些阻碍进展的人，我容易表现出不耐烦的态度；
2．其他人可能会批评我做太多的分析，缺少直觉；
3．要求做工作应该有条不紊，这一点有可能阻碍工作进程；
4．我很容易厌倦，常常依赖一两个团队成员激发我的热情；
5．我如果觉得目标不清楚，便很难启动；
6．有时候我很难把复杂的问题对其他人解释清楚；
7．我知道别人向我求助一些我自己也不会做的事情；
8．当我遇到强烈的反对时，我不太愿意表达自己的看法。

评分 请把每道题中各句分数分别填入表1-15。每行代表题号，然后按照列的方向汇总分数。得分偏高的那一类，说明该团队成员在团队中的角色偏向于那种类型。

表1-15　评分表

测试题目	角色类型															
	IM		CO		SH		PL		RI		ME		TW		FI	
	句子序号	得分	句子序号	得分	句子序号	得分	句子序号	得分	句子序号	得分	句子序号	得分	句子序号	得分	句子序号	得分
一	7		4		6		3		1		8		2		5	
二	1		2		5		7		3		4		6		8	
三	8		1		3		4		6		7		5		2	
四	4		8		2		5		7		3		1		6	
五	2		6		4		8		5		1		3		7	
六	6		3		7		1		8		5		2		4	
七	5		7		1		6		4		2		8		3	
总分																

测试结果说明

类型	典型特征	积极特性	能容忍的弱点
实干者（IM）	保守；顺从；务实可靠；计划性强	有组织能力、实践经验；工作勤奋；有自我约束力；相信“一分耕耘一分收获”；立足于本职	缺乏灵活；对没有把握的主意不感兴趣；当变革产生时最易感到紧张
协调者（CO）	沉着；自信；有抑制力；属于众星捧“月”；可以称得上“民间领导人”	对各种有价值的意见不带偏见地兼容并蓄，甚为客观；个人魅力极强；有时可以解决公司内部解决不了的问题	在智能及创造力方面并非超常；不依靠权力压制别人；有时会认为团队贡献自己最大
推进者（SH）	思维敏捷；开朗；主动探索；新事物的倡导者	有干劲，随时准备向传统和低效率、向自满自足挑战；说干就干；受领导赏识；说到做到	好激起争端，爱冲动，易急躁；反对拖拉；有争议的角色；注意准确性
创新者（PL）	有个性（内向）；思想深刻；不拘一格；点子型人才	才华横溢；富有想象力、智慧；知识渊博；企业创建初期和需要变革时最需要	高高在上；不重细节；不拘礼仪；与群体距离远；不喜欢条条框框
信息者（RI）	性格外向；热情；好奇；联系广泛；消息灵通，做规划时需要信息者帮助	有广泛联系人的能力，不断探索新的事物；勇于迎接新的挑战，电话随时响，下班通常不直接回家	事过境迁，兴趣马上转移；喜新厌旧
监督者（ME）	清醒；理智；谨慎；最高决策团队中的一员	判断力强；分辨力强；讲求实际；站在很远处观察；善于权衡利弊	缺乏鼓动力和激发他人的能力；对任何事项多说还行；挑剔别人
凝聚者（TW）	擅长人际交往；温和；敏感；牺牲自己照亮别人；不过分强调自己	有适应周围环境及人的能力；能促进团队的合作；团队中的润滑剂	在危急时刻优柔寡断；考虑人际关系过多；太在意“合”为贵
完善者（FI）	勤奋有序；认真；有紧迫感；追求卓越；精益求精；注意细节	持之以恒；理想主义，追求完美；不会做没把握的事；120%成功；专家型人物；要求别人和他一样好	常拘泥于细节，不洒脱；自己累，手下人更累；但成长快，可以学到很多技巧；过分注重小事，要多授权

模块二

团队领导培育

学习目标

知识目标

1. 掌握团队沟通的构成要素。
2. 掌握团队沟通氛围营造的方法和技巧。
3. 掌握建立平等交流的团队沟通机制。
4. 掌握团队激励理论、团队激励的一般方法、团队激励的应用。
5. 理解领导艺术的内涵、掌握团队组建和运作的领导艺术。

能力目标

1. 能够进行高效团队沟通。
2. 能够激发团队成员朝着团队目标努力。
3. 能够有艺术地领导团队。

素质目标

1. 树立有效沟通的意识。
2. 树立激发团队成员潜能的意识。
3. 树立团队领导意识而不是个人英雄主义。

思维导图

- 模块二 团队领导培育
  - 课前自学
    - 一、团队沟通
    - 二、团队激励
    - 三、团队领导艺术
  - 课中训练
    - 实训一　团队沟通训练
    - 实训二　团队激励训练
    - 实训三　团队领导培育训练
  - 课后实战
    - 市场调研团队实战
      - 实战一　组建调研团队
      - 实战二　调研前期准备
      - 实战三　组织实施调研
      - 实战四　撰写市场调研报告

课前自学

一、团队沟通

（一）团队沟通的定义

团队沟通

所谓团队沟通，是按照一定的目的，由两个或两个以上的成员组成的团队中发生的所有形式的沟通。团队成员之间和谐的关系有利于团队任务的完成，而他们之间的沟通则有利于关系的建立和维持。

（二）团队沟通的构成要素

团队成员的角色分担。每个团队都由若干个成员组成，这些成员从团队成立之后到团队解体之前都扮演着不同的角色。按照团队成员扮演的角色是否对团队工作起到积极作用，将角色分成两大类：积极角色和消极角色。

第一，积极角色。

领导者——能确定团队目标任务并能激励下属完成的成员。

创始者——能为团队工作设想出最初方案的成员，其行为包括明确的问题，为解决问题提出新思路、新建议。

信息搜寻者——能为团队工作不断澄清事实、提供相关信息的成员。

协调者——能协调团队活动、整合团队成员不同思想或建议并能减轻工作压力、解决团队内部分歧的成员。

评估者——分析方案、计划的成员。

激励者——起到保持团队凝聚力作用的成员。

追随者——按计划实施的成员。

旁观者——能以局外人的眼光评判团队工作并给出建设性意见的成员。

第二，消极角色。

自我标榜者——总想着通过自吹自擂、夸大其词寻求他人认可的成员。

绊脚石——固执己见，办事消极的成员。

逃避者——总是跟他人保持距离，对工作消极应付的成员。

团队中可能一个成员扮演几个角色，也可能几个成员扮演同一个角色。另外，各成员所扮演的角色不是一成不变的。

（三）团队沟通氛围营造的方法

团队沟通的方式有语言沟通、非语言沟通和电子媒介沟通，通过这三种方式，运用以下方法营造团队沟通氛围。

（1）讲故事法。

（2）聊天法。

（3）解除员工后顾之忧。

（4）帮员工制订发展计划。

（5）鼓励越级报告。

（6）动员员工参与决策。

（7）返聘被辞退的员工。

（8）培养自豪感。

（9）口头表扬。

（四）培养团队沟通能力的三个方面

（1）倾听。在倾听的过程中能够获取更多的信息，给倾诉者留下一个谦虚的印象。认真倾听能够更准确地理解对方的意图。

（2）表达。在沟通过程中，要对事不对人，坦诚表达自己的真实感受和立场，客观巧妙地使用语言，让倾听者更容易理解自己的意思。

（3）反馈。反馈是有效沟通的最后一个环节。团队成员尽量多用双向沟通，即接收到信息以后要进行确认，以保证信息传递的真实有效。

（五）提高团队沟通能力的技巧

（1）发挥团队领导对团队沟通的作用。一是在目标上沟通，二是在思想上沟通，三是在感情上沟通，四是在信息上沟通。

（2）克服团队成员间的沟通障碍。

（3）正确使用语言文字。

（4）团队沟通的倾听技巧。 是要积极倾听。积极倾听，是指在思维上参与说话，给予非语言反馈。同时，在大脑中对信息进行分析，提出疑问。下面的八种行为与积极的倾听技能有关。

①与对方目光交流。

②恰当的反应。

③避免分心的手势和姿态。

④适当的提问。

⑤复述。

⑥请勿打断说话者。

⑦耐心倾听。

⑧使听者与说者的角色顺利转换。

二是应当少说多听。应当少说多听的情况主要有以下几种。

①具备优势的时候需要少说话。

②取得成绩的时候需要少说话。

③遭受挫折的时候需要少说话。

④等待时机时需要少说话。

⑤他人承担痛苦的时候需要少说话。

⑥别人说话的时候少说话。

三是管理者的倾听技巧。具备较高的倾听技巧是有效沟通的关键。管理者从如下五个方面培养自己的倾听技巧。

①与下属保持眼神接触。

②运用适当的面部表情和低调的身体语言。

③适当提问。

④千万不要做一些干扰性的动作和姿势。

⑤管理者参与对话时，自己不要说得太多。

（六）建立平等交流的团队沟通机制

管理领域有一个术语是"沟通的位差效益"，内容为：平等交流是企业有效沟通的保证——来自领导的信息只有20%~25%被下级知道并正确理解，而从下到上反馈的信息不超过10%，平行交流的效率则可达到90%以上。当一个团队发展到渐有规模，管理的层次逐级增加后，"言路不畅"便造成了有效沟通的最大阻碍，高高在上的领导者并不能及时获知执行层面的具体情况，结果导致领导者所制定的决策偏离了现实情况，造成决策失误。在团队中，信息沟通主要有三种机制：上情下达、下情上达、平行交流。前两种是非平等交流，第三种则是平等交流。在企业上情下达、下情上达，这两种非平等交流过程中，团队要注意缩短信息传递链，保证信息的及时传递，可以在很大程度上避免传递信息的失真现象。同时，团队要实现平等沟通，便要打破等级之间的壁垒，要把平等的理念注入前两种交流中去，建立平等交流的团队沟通机制，增加团队成员向团队管理者自下而上的沟通渠道。

（七）搞好团队沟通的方法

建立团队沟通制度是进行团队沟通的一种有效方法。除此以外，在进行团队沟通时掌握一定的技巧也是必不可少的。

（1）建立团队沟通制度。

（2）掌握团队沟通技巧。在团队中进行沟通要掌握以下两种技巧：①积极倾听；②表现出兴趣。

团队沟通的另外一种技巧，就是真心对别人感兴趣。许多管理者一生都在想办法使员工对他们感兴趣。事实证明，这种想法是错误的。员工不会对管理者感兴趣，而只会对他们自己感兴趣。

团队激励

二、团队激励

（一）团队激励概述

所谓“激励”，是指为激发人的动机，鼓励人们形成行为，从事某种活动而采取措施的过程。激励对于团队工作来说是不可或缺的重要内容。

当一个人被激励时，往往会努力工作。但是，他的努力不一定会使团队的整体绩效提高，因为要提高团队的绩效，不仅要考虑团队成员的努力程度，还必须考虑团队成员努力的方向。只有团队成员行为方向一致且朝向团队目标形成共同合力，才能提高团队整体绩效。

（二）团队激励的理论基础

激励理论主要研究人的动机激发的因素、机制与途径问题，大致可划分为三类：内容型激励理论，过程型激励理论和行为改造型激励理论。

内容型激励理论主要包括马斯洛的需要层次理论、赫茨伯格的双因素理论、麦克利兰的成就激励理论等。过程型激励埋论主要包括弗鲁姆的期望理论、亚当斯的公平理论等。行为改造型激励理论主要包括强化理论、归因理论等。下面主要介绍其中的五种。

1. 需要层次理论

需要层次理论是由美国心理学家亚伯拉罕·马斯洛于1943年提出来的（图2-1）。

（1）基本内容。人的需要可分为五个层次，即生理需要、安全需要、社交需要、尊重需要和自我实现需要。

①生理需要。生理需要指维持人类自身生命的基本需要。

②安全需要。安全需要指人们希望避免人身危险和不受丧失职业、财物等威胁方面的需要。

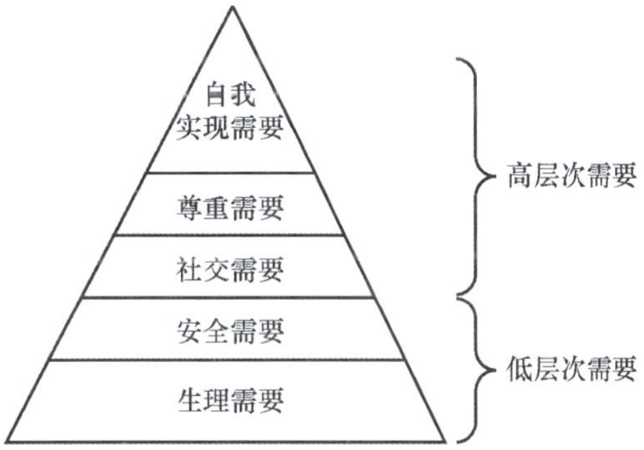

图2-1 人的需要层次

③社交需要。社交需要指希望与别人交往，避免孤独，与同事和睦相处、关系融洽的欲望。

④尊重需要。人们追求受到尊重，尊重需要包括自尊与受人尊重两个方面。

⑤自我实现需要。这是一种最高层次的需要。它是指人能最大限度地发挥潜能，实现自我理想和抱负的欲望。这种需要突出表现为工作胜任感、成就感和对理想的不断追求。这一层次的需要是无止境的。

（2）对管理实践的启示。

①正确认识被管理者需要的多层次性。片面看待员工需要是不正确的，应进行科学分析，区别对待。

②努力将本组织的管理手段、管理条件同被管理者的各层次需要联系起来，用被管理者正在追求的那一层次优势需求来激励他们，以取得较好的激励效果。

③需要层次理论为研究人的行为提供了一个比较科学的理论框架，成为激励理论的基础，对管理实践起到了积极的推动作用。

④需要层次理论的不足之处是：过于机械和简单，对人的信仰和精神的作用估计不足；关于人的需要是遵循阶梯状由低到高递进的原理，也不能说明人们复杂的需求和行为过程。

2. 双因素理论

双因素理论是美国心理学家赫茨伯格于20世纪50年代提出来的。

（1）基本内容。影响人的工作积极性的因素有两大类。

①保健因素。这属于工作环境或条件相关的因素，这类因素主要包括公司的政策、管理和监督、人际关系、工作条件、工资等。

②激励因素。这属于和工作本身相关的因素。这类因素主要包括工作表现机会和工作带来的愉快、工作成就感、工作挑战性，由于良好的工作成绩而得到的奖励、工作发展前途、职务上的责任感等。

（2）对管理实践的启示。

①要善于区分管理实践中存在的两类因素，对于保健因素（如工作条件、住房、福利等）要给予基本的满足，以消除员工的不满。

②要抓住激励因素，激发员工的工作热情，创造奋发向上的局面。

③注意激励因素的相对性。

3. 期望理论

（1）基本内容。美国心理学家弗鲁姆于1964年系统地提出了期望理论。

弗鲁姆认为，人们对某项工作积极性的高低，取决于他对这项工作能满足其需要的程度及实现可能性大小的评价。用公式表示就是：

$$M=V\times E$$

式中，M——激励力，即激励作用的大小，指人们为达到目标而努力的程度；

V——效价，即一个人对某一结果偏爱的强度，指目标对于个人需要的价值；

E——期望值，即实现目标的概率，指采取某种行动实现目标可能性的大小。

（2）对管理实践的启示。

①要有效地进行激励就必须提高活动结果的效价，要提高效价就必须使活动结果能满足个人最迫切的需要。

②确定目标的标准不宜过高。凡是能起广泛激励作用的工作项目，都应是大多数人经过努力可以实现的，这样，通过增大目标实现的概率来增强激励作用。

③如果不从实际出发，不考虑员工的实际需要，只从管理者本人或上级主管的意志或兴趣出发，推行对员工来说效价不高，实现概率不大的项目，是不可能起到激励作用的。

4. 公平理论

（1）基本内容。公平理论是美国心理学家亚当斯于1965年提出来的。

亚当斯认为，人的劳动积极性不仅受绝对报酬的影响，更重要的是受相对报酬的影响。这种相对报酬是指个人付出劳动与所得报酬的比较值，包括两种。

①横比，即在同一时间内以自身同其他人相比较。

②纵比，即拿自己不同时期的付出与报酬比较。

前者可称为社会比较，后者可称为历史比较。当获得公平感受时，心情舒畅，努力工作；当得到不公平感受时，就会出现心理上的紧张、不安，从而使员工采取行动以消除或减轻这种心理状态。具体行为如：试图改变其所得报酬或付出；有意无意曲解自己或他人的报酬或付出；竭力改变他人的报酬等。

（2）对管理实践的启示。

①要高度重视相对报酬问题。

②要尽可能实现相对报酬的公平性。

③当出现不公平现象时，要做好工作，积极引导，防止负面作用发生。

5. 强化理论

（1）基本内容。强化理论最早是由美国心理学家斯金纳提出的。

斯金纳认为，无论是人还是动物，为了达到某种目的，都会采取一定的行为，这种行为将作用于环境。当行为的结果对他有利时，这种行为就会重复出现；当行为的结果对他不利时，这种行为就会减弱或消失。这就是环境对行为强化的结果。这种情形在心理学中被称为“强化”，该理论也由此被称为强化理论。根据强化的性质和目的，强化可被分为正强化、负强化、惩罚和消除四种类型，具体内容如下。

①正强化。在积极的行为发生以后，立即用物质的或精神的鼓励来肯定这种行为。

②负强化。负强化是指通过人们为了避免出现不希望的结果，而使其行为得以强化。

③惩罚。惩罚就是对不良行为给予批评或处分。惩罚可以减少这种不良行为的重复出现，弱化行为。

④消除。消除是指对某种行为不采取任何措施，既不奖励也不惩罚。

（2）对管理实践的启示。

①要针对强化对象的不同需要采取不同的强化措施，奖惩结合，以奖为主。

②小步子前进，分阶段设立目标，及时给予强化。如果目标一次定得太高，就难以发挥强化的作用，也很难充分调动强化对象的积极性。

③及时反馈。及时反馈即要通过一定的形式和途径，及时将工作结果告诉行动者。

（三）团队激励的一般方法

团队激励的一般方法有竞争激励、奖励激励、个人发展激励和薪酬激励。

1. 竞争激励

竞争可以使团队的表现越来越出色，可以强烈地刺激每一位团队成员的进取心，使他们力争上游，发挥出最大的潜能。需要强调的是，竞赛激励是要鼓励先进，促进发展，而不是进行“优胜劣汰”，对于后进者应当通过合作给予“帮助”。竞争激励的方式主要有以下几种。

（1）优秀员工榜。优秀员工榜是很多团队都采取的一种激励方式。优秀员工榜可以分月评和季评，但绝不是轮流，否则，就达不到预期的效果。对于优秀成员，可以把他的照片放大粘贴在醒目的位置，这对他是一种很大的精神鼓励。

（2）竞赛。竞争激励方式的特点在于：①活跃工作气氛，提高工作效率；②方法简单，操作方便。采用竞赛激励方式应注意以下几点：①要了解团队成员目前最关注的需要和目标；②进行比赛要有一定的组织文化氛围；③奖励要有一定的诱惑性；④比赛时的规则不要太复杂；⑤活动结束后应尽快以公开形式进行奖励。

（3）职位竞选。职位竞选也是许多团队在内部实行的一种激励方式，可以通过让成员提供相关的职位方案或进行职位演讲，让所有成员对心目中的人选进行投票，从而确定团队中最能胜任此项工作的成员。

2. 奖励激励

奖励有时要比竞争或压力更能影响人的行为。然而，在团队管理中最困难的是如何设计合理的奖励制度和采用恰当的方式。奖励要恰到好处，过于频繁或者给予大于应得，就有可能适得其反。奖励激励的方式通常有以下几种。

（1）加薪。加薪是一种较普遍的激励方式。应当将基本工资、津贴、奖金结合起来，为团队提供一个有竞争力、公平、有依据的总体奖励制度。

（2）公司股份与期权。分配公司的股份和期权是一种较为普遍的激励方式，它是以公司若干股份作为奖励让成员以股权、股票的方式持股。通过这种股权激励的方式，可以让成员感觉到自己在团队中的主人翁地位。但由于股权变化比较灵敏，有时候代价会很高，操作的难度也相较大。

（3）旅游。旅游激励属于较高层次的奖赏，这需要员工离开工作岗位，组织起来比较耗费时间精力，且成本较高。

（4）休假。休假很重要，关系到团队成员的休整放松和生活、工作的质量问题。假期的长短和时间的选择以及公众假日都可以用来激励成员。

（5）津贴和福利。津贴和福利通常是指经济上的奖励，包括优惠的住房、车辆或支付各项保险，如意外保险、人身保险和旅行保险等。

（6）其他形式的奖励。奖品、“出其不意的认可”等形式的奖励也已成为领导者激励团队成员的方法。这样的激励形式很多，例如，举办“员工狂欢夜”，与员工合影，团队共进午餐，重新装饰工作场所，颁发证书，给予特殊成就奖等。

3. 个人发展激励

在团队管理中，最好的激励方式是对成员个人发展的激励。个人发展激励将团队成员自我发展的目标与团队的目标融为一体，具有长久性、持续性和稳定性的特点，有利于团队的长远发展。个人发展激励有以下几种主要方法。

（1）职业发展。

（2）目标激励。

（3）晋升与增加责任。

（4）培训及其他学习机会。

（5）工作内容激励。

（6）组织荣誉。

4. 薪酬激励

根据国外对影响员工生产率的80项激励方式所进行的研究，以报酬作为刺激物使生产率水平提高的程度最大，达到30%，其他激励方法仅能提高8%～16%。薪酬激励不仅能够满足团队成员的生活需要，还能传递组织战略和团队追求方向等信息，引导团队成员按照团队目标的要求行事。同时，薪酬激励也是表彰团队成员个人贡献，使其个人价值得以体现的较佳方式，更是创造团队合作环境的关键因素。因此，必须强调用薪酬激励方式来激励团队成员的重要性，必须设计科学的薪酬激励机制来促使成员按照团队目标的指引努力工作、积极合作，从而增强团队的协同效应，提升团队的整体绩效和产出水平。

（四）团队激励的应用

在团队中有不同类型的成员，在需要进行激励时应当对不同类型的成员采取不同的方式进行激励。具体来说，团队中的激励方式主要有以下几种。

1. 对团队一般成员的激励

（1）以绩效为中心的激励。

（2）采取弹性奖励的激励手段。

（3）对不同团队成员的权变激励。

（4）达到激励的公平。

2. 对团队管理者的激励

（1）引入竞争机制。

（2）适度授权。

（3）运用薪酬杠杆。

（4）强调精神激励。

对于团队管理者的精神激励，要注意针对性，不能停留在“发奖状、开表彰会”上，而要为他们提供良好的管理工作环境，使他们有充分施展才能的空间，让他们从职位工作中获得较大的心理满足，体验在领导团队的工作中的乐趣和获得的成就。

团队领导艺术

三、团队领导艺术

（一）领导艺术与领导力

所谓领导艺术，是强调对没有规则可循，没有公式可套用的问题，依靠领导者的自身能力与经验进行有效处理，或对常见的问题进行更出色的和创新性的处理。

提高团队领导艺术，领导者首先要提高自身的领导力，其次要提高团队领导行为的艺术水平，包括团队组建方面的领导艺术水平和团队运行过程中的领导艺术水平。

关于“领导力”，有两种不同的理念：一种是全面的领导对象的领导力建设理念，即针对组织之中各个层次的员工；另一种是针对组织高层领导团队的领导力建设理念。这里主要就后者进行分析。

就组织的高层领导团队的领导力建设而言，应更多地关注高层经营管理团队，发掘出能够表现高层领导所需技巧和能力的“高潜力”人才。例如，摩托罗拉公司针对组织的高层领导者设计了专门的领导力培养的“五力”模型，它包括高层领导团队需要主要培养的五种能力：眼力、魅力、魄力、能力和约束力。

（1）眼力。作为一个领导者，首先要有眼光，要有境界，要有追求，也就是要有战略思维。

（2）魅力。所谓有魅力，就是要有热情。能够激励下属对组织目标的热情，创造一个人人都满怀工作激情，有机会为组织做出贡献的环境。

（3）魄力。所谓魄力或果断力，就是一针见血地切中问题的要害，做出大胆和及时的决定，坚持用更高的标准要求本组织，以实事求是的方式表示善意的不满。当业务或个人表现不佳时，要给予警告。

（4）能力。这里所说的能力是指执行能力。目标不能永远停留在纸上或口中，必须转变成现实的行动和成果。领导者必须能够依靠自身和组织成员的行动，采用可行、有效的管理实践，实现所设定的目标。

（5）约束力。所谓约束力，即自律能力，是指领导者要有道德，要随时随地以道德的方式开展业务，尊重所有的人和文化，不让个人的志向和情绪反应干扰工作。

（二）团队组建的领导艺术

在团队组建的过程中，要掌握以下领导艺术。

1. 理解“组织程序”

（1）参与。参与的一种表示是口头参与。领导者所要了解的事就是团队成员的参与程度，并且对其参与程度高低的原因进行分析。

（2）影响。影响和参与是不同的。领导者可能是个参与程度很高的人，但却没有什么影响力。影响可能是积极的，也可能是消极的；可能是催人奋进的，也可能是让人不愉快的。领导者如何产生影响对其能否成功进行领导关系重大。

（3）决策。领导者常常在未曾考虑对所有人的影响时就做出决定，这是有失妥当的，必须重视决策主题通过的方式。

（4）团队氛围。当团队成员一起工作时，团队会产生一种氛围，这种氛围反映了一种整体面貌，团队领导者对此应保持敏感。不同的人可能会喜欢不同的工作氛围，领导者经常听听团队成员如何描述团队的氛围，会对团队有进一步的了解。

（5）成员身份。成员身份是团队成员在被团队接纳或与团队融合的程度方面最关心的问题。不同的互动模式会形成对成员身份的不同暗示。

（6）感受。因为感受很少被提及，所以领导者要根据语气、表情、手势或其他非口头的暗示，对他人可能的感受加以揣摩，同时也要注意团队成员是否在尽力压制自己的感受。

（7）规范。规范是领导者和团队成员共同制定的基本原则，通常反映了大多数团队成员对什么行为可做，什么行为不可做的看法或理念。有些规范可能会促进团队的进步，有些规范可能会起妨碍作用。

2. 明智地授权

作为领导者，授权需要掌握合理的度，要考虑到员工的实际心愿，领导者只能为团队成员提供获得授权的条件和机会，因为并非每个成员都想获得授权，有些成员实际上更愿意听从别人的指挥而不是“要权力”。

3. 把握决策层次

领导者的决策风格或决策行为方式对于创造一个成员人人有发展机会的团队来说，是最为关键的因素。决策是领导者与团队成员开展工作的核心程序之一，团队领导者要认识到在决策中有不同层次的参与程度，各个不同层次的参与程度适合于不同的情境（表2-1）。

表2-1 不同决策层次行为方式

决策层次	领导者的行为方式	团队成员的行为方式
第五层次：授权	解释决策必须达到的标准	承担决策的责任
第四层次：参与	参与并认可双方达成一致的过程	就决策进行调整直到没有任何问题，忠诚地执行决策
第三层次：咨询	听取并建设性地探讨团队成员的意见，然后再做决策	积极参与，发表意见，支持最终决定
第二层次：推销	听取意见，再做决策	在被问时及时发表看法
第一层次：告知	直接发出指令	接到命令后敏感而富于建设性地执行

（三）团队运转的领导艺术

1. 维护团队健康成长

一个团队的发展是周而复始的，发展中的团队在不同的阶段有不同的挑战，通过不了上阶段的挑战则无法迈向下一个阶段。在这几个阶段中领导者如何维护团队，使团队成员能够投入并且在工作中有好的表现，有以下几点建议可供参考：①领导者应该将团队的表现作为最高的表现，而不是强调个人英雄主义；②鼓励团队成员之间充分沟通；③让每个人都产生互相依赖的感觉，发展一种良好的关系；④如果有问题发生，应该列为专案，立即处理；⑤要求员工具备随时做简报和口头报告的能力；⑥为团队提供资源和协助，帮助全体成员成长；⑦领导者应清楚自己的角色定位，不要高高在上；⑧针对每个人对目标的承诺进行监控，但不要采用传统的管制方式；⑨通过工作的挑战、定期训练和职业生涯的发展来激发成员共同成长。

2. 选择合适的领导风格

根据领导对任务和对人际关系重视的程度可以分为四种类型：委托型、激励型、指挥型和教练型，如图2-2所示。

（1）委托型。这种风格的领导者对工作任务和与成员间的关系都不甚关心。他们相信团队成员有解决问题的能力，因此只指出大致方向和目标。这给团队成员留有宽松的选择余地，由他们自主决定如何完成目标。

（2）激励型。这种风格的领导者会花大量的时间和心血来构筑与团队成员间的关系。对他们来说，组织中人的因素居于实现目标的各项因素之首。他们通常只提出大致的工作目标，而致力于细致入微地做人的思想动员工作。他们认为只要能调动起团队成员的工作兴趣，就能完成工作任务。

（3）指挥型。这种管理风格是“X理论”的典型。领导者认为，团队成员没有足够的

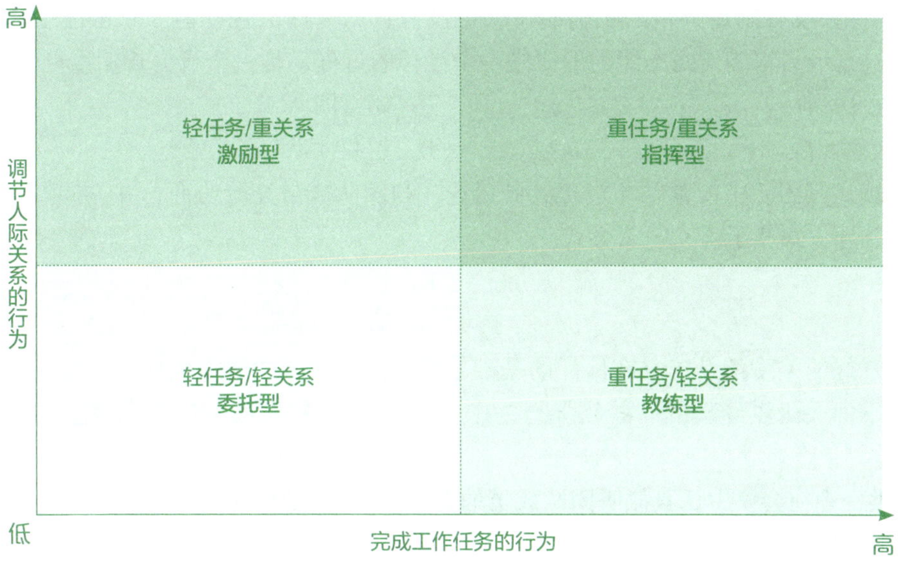

图2-2　领导风格四种类型

能力和动机完成任务，因此，领导者事必躬亲，详尽地监督指挥团队成员采取行动，并且控制团队成员如何行动甚至如何思考。

（4）教练型。这种风格的领导者相信团队成员有完成任务的动机，但缺乏必要的能力。他们不断地教团队成员如何去做某项具体的工作，而不大考虑错综复杂的人际关系。

（四）新型领导——教练式团队领导者

新型领导是一种教练式的领导。教练式的领导者不仅自身具有卓越的能力，而且还能够有效地开发团队成员的潜能，用正确的观念引导人们去实现自身的价值并完成组织的目标。教练式团队领导者有以下三个特点。

（1）充满爱心和热情。

（2）指导而非命令。

（3）信任团队成员并表现公平。

自学自测

一、单选题

1. 于经理是其团队的领导者，他非常支持团队的学习，在此过程中扮演了多种多样的角色，这些角色可以是（　　）。

A. 导师　　B. 培训师

C. 鼓励者　　D. 以上都对

2. (　　) 并没有制定严格的奖罚制度，也没有什么法律法规，但大家都能主动遵守纪律，这是因为本能，而本能的形成是一个漫长的过程，是一个行为长期重复的产物。

A. 牦牛团队　　B. 螃蟹团队

C. 大雁团队　　D. 蚂蚁团队

3. 贾经理在其团队中，常常与员工共同讨论，与团队成员充分协商，并共同做出决定。这种领导方式属于 (　　) 方式。

A. 命令　　B. 授权

C. 参与　　D. 协商

4. 一切友好的关系都是建立在信任的基础上的，但在团队中建立信任并不是一件容易的事。下面关于洪经理的一些领导行为中，(　　) 能够帮助他的团队建立一种信任的关系。

A. 洪经理在会议中认真倾听团队成员的意见，并真诚地说出自己的看法

B. 洪经理总是带头承认自己在工作中所犯的错误和过失

C. 洪经理会在日常的工作中，选择合适的团队成员赋予他们一定的职权，让他们做出决定和解决问题

D. 以上都对

5. 关于团队的领导，说法正确的是 (　　)。

A. 领导者采用哪一种领导方式主要取决于团队和领导者自己的具体情况

B. 只要具备良好的品质，一个人就可以成为一个好的领导

C. 领导者与管理者的角色在很多方面都很相似，所以领导者与管理者没有什么区别

D. 能够成为领导者是因为他们具有与生俱来的技能与能力

二、多选题

1. 团队成员扮演的角色对团队工作起到积极作用的称为积极角色，包括 (　　)。

A. 领导者　　B. 创始者

C. 协调者　　D. 激励者

E. 追随者

2. 团队成员扮演的角色对团队工作起到消极作用的称为消极角色，包括 (　　)。

A. 自我标榜者　　B. 绊脚石

C. 逃避者　　D. 评估者

E. 信息搜寻者

3. 营造团队沟通氛围，可以运用哪些方法？(　　)

A. 讲故事法　　B. 聊天法

C. 动员员工参与决策　　D. 培养自豪感

E. 口头表扬

4. 发挥团队领导对团队沟通的作用，可以在哪些方面沟通？(　　)

A. 在目标上沟通　　B. 在思想上沟通

C. 在感情上沟通　　D. 在信息上沟通

E. 在人际关系上沟通

5. 团队激励的理论基础有（　　）。

A. 需要层次理论　　B. X理论和Y理论

C. 双因素理论　　D. 成就需要理论

E. 公平理论

三、简答题

1. 指出沟通在团队内的功能，分别举例说明。
2. 如何克服沟通中的障碍？为什么大多数人并不是好听众？
3. 既要认清团队成员的个体差异，又要求团队提高整体绩效，二者是否矛盾？
4. 怎样处理好工作绩效与生活质量的关系？
5. 如何提高团队的领导艺术？

课中训练

实训一　团队沟通训练

动画：团队沟通

科目1——穿越障碍靠沟通

训练目的

（1）让团队成员了解语言沟通的方式与技巧。

（2）让团队成员知道如何有效地进行沟通。

材料道具　桌子一张、硬塑料杯三个、白纸几张、每组硬纸板一块、每人眼罩一只。

训练时间　30～40分钟。

规则程序

（1）空地上划出一块游戏区。在游戏区内用白纸设置障碍，作为“地雷”。同时在游戏区中间放置一张桌子，桌子中央放三个硬塑料杯，形成一个杯塔。底部的硬塑料杯正放，第二个硬塑料杯倒放，第三个杯子盛水放在第二个硬塑料杯上。

（2）把团队成员分为两个10人的小组。每组设置一位“指挥官”，在“雷区”另一边指导同组其他组员跨越“雷区”。

（3）每个小组除“指挥员”外的其他组员都必须蒙上眼睛，每次只能由每个小组最后一名组员通过“雷区”。

（4）每个小组最后一名组员都通过“雷区”后，要将小组的硬纸板放在杯塔上，如果杯塔不倒则视为完成任务。

（5）踏中“地雷”的组员则被视为“死亡”，应退出游戏，并只能在旁边观看。

（6）通过“雷区”的组员可以摘下眼罩，参与指导其他组员。

（7）在规定的时间内，小组成员通过“雷区”后“生还”者最多的即为获胜小组。

问题讨论

（1）在游戏过程中，其他组员是如何和蒙眼组员进行信息交流的？

（2）蒙眼组员在游戏中的感受如何？

（3）用什么办法来进行更有效的沟通？

（4）为什么在沟通时过多人七嘴八舌出主意反而会导致办事效率低下，而且容易造成混乱？

团队角色

本科目训练中你在组内的角色，请在右侧4种角色中选择符合自己的打“√”	（1）意见领袖	（2）响应者	（3）反对者	（4）观望者

个人感悟

科目2——传递信息

训练目的

（1）演示说明信息通过各种“渠道”加以传递时往往会失真。

（2）沟通技巧和聆听技巧训练。

材料道具 一则摘自报纸杂志的简短文章。

训练时间 10～15分钟。

规则程序

（1）事先从近期报纸杂志中摘录一则2～3段长的文章，但不要是最热门的新闻。

（2）将学生分成4～5人一组。

（3）将各组成员从1～5号排好次序。

（4）请1号留在教室内，其他人先出去。

（5）你把故事念给各组的1号听，但不允许他们提问或做记录。

（6）2号可以从教室外进来，每组的1号负责将故事复述给2号听。

（7）3号进来，2号将故事再复述给3号听。

（8）每组的5号都听到了故事。

（9）教师抽查几组5号学生，请他们复述一下听到的故事。

问题讨论

（1）每个传递者是否遗忘了一些内容？是哪些？

（2）故事在传递中，出现了哪些错误或篡改？

（3）我们如何才能注重加强记忆和理解？在现实生活中，我们可以采取哪些方法？

团队角色

本科目训练中你在组内的角色，请在右侧4种角色中选择符合自己的打"√"	（1）意见领袖	（2）响应者	（3）反对者	（4）观望者

个人感悟

科目3——有了经验要分享

训练目的

（1）让游戏参与者明白经常与他人沟通是非常必要的。

（2）让游戏参与者理解如何与其他团队成员分享经验。

材料道具　游戏纸币若干。

训练时间　10～15分钟。

规则程序

（1）团队负责人同一个团队成员借10元钱，将借来的钱向大家展示一下，然后向另外一个团队成员借10元钱，把这10元钱还给最初的借钱者。之后问大家："这两个人中是不是有人比以往有了更多的钱？"

（2）向整个团队指出，就上面的情况而言，如果有两个人的主意被分享，那么这两个人在经验上都将比以前更加丰富。除此之外，其他人（旁观者）也能丰富自己的经验。

（3）给每个成员一张或几张游戏纸币（背面是空白的），让他们相互交换。然后让每个人在游戏纸币上至少写一条建议，并将纸币交给另一个人。请大家体验这两次交换有什么不同。

问题讨论

（1）是什么因素阻碍我们和其他团队成员分享那些有用的主意与看法？

（2）是什么因素鼓励我们与其他成员经常交换看法与意见？

（3）我们应该帮助别人的根本原因是什么？是基于互惠原则，可以相互依赖，还是希望彼此受益？

团队角色

本科目训练中你在组内的角色，请在右侧4种角色中选择符合自己的打“√”	（1）意见领袖	（2）响应者	（3）反对者	（4）观望者

个人感悟

科目4——驿站传书

训练目的

（1）展示在团队内怎样获得正确的沟通方法和进行有效的领导，促进学生对沟通的进一步理解。

（2）培养团队合作精神。

（3）制度规则的建立和修正。

材料道具 纸板、椅子。

训练时间 30 ~ 40分钟。

规则程序

全队成员排成一列，这时候每名学生就相当于一个驿站，教师会将一个带有一组自然数或数学符号的卡片交到最后一位队员手中，发挥大家的聪明才智把这个数字信息传到最前面的队员，当这位队员收到信息以后迅速将传递过来的信息写在纸板上。然后由最后一位队员大声读出卡片上的信息，看是否与纸板上所写的内容相符。

任务：将教师所下达的指令完整不变地快速依次传递给最前面的队员。

在进行这个项目的过程中要遵守如下规则：

（1）所有队员嘴里面不允许发出任何声音。

（2）从最后一名队员依次传送到最前面的队员。

（3）所有队员的肢体不能超越自己前后面队友身体中心的平行线（以两肩基轴为基点）。

（4）所有队员严禁扭转身体以及回头。

（5）最前面队员得到信息后第一时间写到纸板上后不得再进行更改。

（6）信息到达最前面队员最快并且最准确的队得分。

（7）可以根据时间规划进行多轮传递竞争，每轮结束后给团队成员3～5分钟时间进行讨论总结。

问题讨论

（1）在开始前是否有决策过程，是有序的还是无序的？

（2）激进的方法不一定是坏主意，当好的意见出现时是否被倾听并接受？好主意是什么时候谁想出来的？

（3）遇到挫折和失误时是否及时调整，是否打破思维定式？

（4）怎样才能进行有效沟通？沟通中最重要的环节是什么？

（5）怎样才能成为一名好的信息发送者与接收者？

（6）在日常工作、学习、生活中，如何学会沟通？

（7）充分沟通对团队目标的实现有哪些重要意义？

（8）怎样才能实现有效沟通，并迅速形成有效决议？

（9）在此次团队行动中，领袖的作用力体现在哪些方面？

团队角色

本科目训练中你在组内的角色，请在右侧4种角色中选择符合自己的打“√”	（1）意见领袖	（2）响应者	（3）反对者	（4）观望者

个人感悟

科目5——苏武牧羊

训练目的

通过不同角色的模拟演练，使新成员快速融入团队，并且迅速了解团队内部情况，掌握有效的沟通技巧，畅通团队交流的渠道，将有效的信息进行及时准确的传递。缓解团队内部因沟通问题制造的障碍，使成员快速融入团队。

材料道具 眼罩。

训练时间 40～50分钟。

规则程序

将四处奔走的羊赶回各自的羊圈，规则是将每队成员分成两组，从中选出一人充当“牧羊犬”（哑人）的角色，其余成员则充当“羊”（盲人），所有“羊”须戴上眼罩，“牧羊犬”只能通过特定的信号（不能肢体接触，可以事先沟通准备）向“羊”表达意思，将所有的“羊”赶到规定的位置上。一方面“牧羊犬”要发出正确的信号引导“羊”，另一方面“羊”要能准确地辨别信号，并根据信号做出正确的反应，最终达到预定的效果。

问题讨论

（1）此项目有两种模式：一种是先在团队中选好“苏武”，然后让他们讨论沟通方式；另一种是先沟通，这时候谁都不知道谁会是“苏武”，沟通完后让他们戴好眼罩，教师从中选一个出来。

（2）沟通的重要性。

（3）管理执行活动需要计划前的信息采集、有计划的信息交流和讨论、计划后的阐述和分析落实。

（4）资源的有效配置及综合利用，将孤立的人们组织在一起制造和生产出某些服务或产品的行为过程。

（5）信息的传送和反馈就失去了真实依据和实施途径。

团队角色

本科目训练中你在组内的角色，请在右侧4种角色中选择符合自己的打“√”	（1）意见领袖	（2）响应者	（3）反对者	（4）观望者

个人感悟

实训二　团队激励训练

动画：团队激励

科目1——险过迷障阵

训练目的

（1）个人挑战和个人激励能力的培养。

（2）团队决策和团队合作能力的培养。

材料道具　足够长的结实绳索两条，眼罩。

训练时间　40～70分钟。

规则程序

（1）本游戏需要事先设定场地，环境描述如下：

①树林中相隔不是太远的几棵结实的大树，或者根据相应的要求人工设立的结实大桩也行。

②树木之间不需要排成直线，间隔以3～5米为宜，树木以不超过6棵为好。

③需要两根有足够长度的结实绳索，以能够承受1吨左右的重量为宜，并且绳索不要弹性太大。

④两根绳索一根离地1米左右，一根离地3米左右，按照同样的方法牢固拴在树桩上。

⑤从第一棵树桩出发，到第二棵树桩时缠绕几圈拉紧再依次到第三棵、第四棵树桩上依次进行，到最后一棵树桩时拴紧。

⑥如果树桩较滑，可以打上一些防止绳索下滑的螺钉。

（2）场地布置完成之后，将所有学生带到场地，进行如下的游戏描述：

①现在大家都作为国家缉毒特警，将要前往深山老林中追捕一批携毒潜逃的犯罪分子，途中不幸遇到一处布满瘴气的沼泽之地。这里是接近犯罪分子巢穴的最近道路，瘴气毒气非常厉害，沾上就会有生命危险，好在因为气温的原因，这些瘴气在清晨都难以飘散到离地面1米以上的空间。而沼泽地也是危机四伏，常人难过，因此最后行动小组大队长决定利用藤索在树上搭建索桥，大家小心通过。

②搭建索桥的过程中，已经牺牲了好几位同志，大队长再三强调剩下将要通过的队员要注意安全，务必安全通过，顺利抓住犯罪分子，以慰牺牲队友。

③大家只有40分钟的时间，过了这个时间段，气温上升，瘴气也会上升并淹没1米以上的空间，那时大家都会发生危险。

（3）描述完毕之后再次提醒学生，不能落到地面上，否则将会中毒或者陷入沼泽地。

（4）游戏开始之后，教师安排安全助理在旁边监控安全，并且以紧迫感很强的语气不断激励所有学生努力完成任务。

（5）游戏结束之后，教师组织大家进行相关讨论。

问题讨论

（1）接到任务之后，团队形成了怎样的行动方案？有没有形成一定的决策核心？

（2）团队根据行动方案进行了如何的分工？

（3）有没有学生在获取任务之后就要放弃的？团队是如何让这些学生一起完成这项艰巨任务的？

（4）第一名顺利通过的学生起到了什么样的作用？特别是对那些要放弃或者心中尚在犹豫的学生起到什么样的作用。

（5）哪些学生的表现对团队任务的完成有关键作用？大家有没有对他们表示感谢？

（6）如果不是处于一种紧张的情况下，选择退缩的人数会不会有所变化？

（7）引申到现实中，一个团队的优秀成员对团队如何起到正面的激励作用？

团队角色

本科目训练中你在组内的角色，请在右侧4种角色中选择符合自己的打“√”	（1）意见领袖	（2）响应者	（3）反对者	（4）观望者

个人感悟

科目2——扭转乾坤圈

训练目的

（1）团队激励的重要性。

（2）掌握沟通技巧。

材料道具 呼啦圈或者类似的道具。

训练时间 50～60分钟。

规则程序

（1）所有学生围成一个圈子，面朝内侧，手拉手。

（2）宣布在游戏进行中，除非教师允许，大家不能松开手，并且嘴里不能发出声音，一旦违反，则任务失败。

（3）将一个呼啦圈挂到一名学生的手臂上，与之相邻的学生的手需要临时断开，然后仍然保持闭合状态。

（4）要求大家将呼啦圈通过每个人的身体最后回到第一个人的手臂上，过程中不能断开、不能发言。

（5）第一次不规定时间，但教师要进行计时。

（6）当第一次完成之后，教师宣布大家的成绩；并同时宣布，现在要求大家以刚才2/3的时间完成同样的任务，并大声询问："大家能完成吗？"在获得肯定的回答之后，宣布游戏开始。

（7）不断提高时间限制，看看学生最终能以什么样的速度完成任务。

（8）游戏结束后，教师组织相关讨论。

问题讨论

（1）第一次大家是以什么样的心态来完成任务的？有没有时间紧迫的观念？

（2）第二次及以后大家的心态有什么样的变化？时间的紧迫感对大家完成任务有哪些影响？

（3）团队之间是如何进行沟通的？学生是怎样向大家传递自己的高效方法的？

（4）如果允许大家用语言进行沟通，会有哪些变化？模拟一下。

（5）最终大家的成绩与第一次的成绩相比进步有多大？在达到这个目标之前，大家能够想象到这样的成绩吗？

（6）如果一开始就给大家最后成绩的目标，大家能够完成吗？这与循序渐进的激励方式有哪方面的不同？

团队角色

本科目训练中你在组内的角色，请在右侧4种角色中选择符合自己的打"√"	（1）意见领袖	（2）响应者	（3）反对者	（4）观望者

个人感悟

科目3——扑克牌传递

训练目的

（1）团队激励和竞争意识的培养。

（2）团队决策和团队合作的培养。

材料道具 扑克牌、计时秒表、装各小组传递扑克牌的容器（如盘子或者硬纸板）。

训练时间 10～15分钟。

规则程序

（1）将学生分成6～10人的组。

（2）准备一副扑克牌，随机抽取所分组数乘以5的张数。

（3）将学生以每组成纵队排列，每位学生之间间隔1米左右。

（4）宣布游戏规则：每组5～10分钟时间（具体时间根据各组人数和传递距离具体确定），要求从排头到队尾传递5张扑克牌；传递扑克牌时只能使用上嘴唇和鼻子夹住，不得用手传递；扑克牌必须经过每位队员传递到最后一名队员那里；第一张扑克牌各组随机从教师手中抽取，每传完一张可以到教师处任取一张再进行传递；时间结束之后比较各组所传扑克牌大小，以最大的组为胜。

（5）扑克牌大小规则：同花色顺子为最大、同样的顺子比较最大一张牌；顺子之后以4张同样的牌面为大、同为4张比较牌面大小；后面是3张同样大小对子、单牌牌面最大的顺序排列。

（6）各组成员不得离开队列以及缩短队列长度，必须在一张牌已经传递到最后一名队员的嘴上，通过其放置到事先准备的托盘中之后，队首队员才能离开队列去教师处取牌。

（7）传递过程中如果牌到中途落在地上，则必须从队首重新开始。

（8）传递完成或者时间截止之后教师清点各组牌面，评选获胜小组。

问题讨论

（1）小组有没有什么激励措施来应对这种激烈的竞争？最后效果如何？

（2）当发现本组暂时落后时，小组成员的心情如何？行动上又是如何改善的？

（3）活动中暂时没有进行传递的队员有没有进行一些有助于本组士气和效率的行动，如呼喊加油等？

（4）怎样保持传递的高效无误？团队中的决策是怎样形成的？

（5）小组资源有哪些？小组内部对于资源的统筹利用如何？

团队角色

本科目训练中你在组内的角色，请在右侧4种角色中选择符合自己的打“√”	（1）意见领袖	（2）响应者	（3）反对者	（4）观望者

个人感悟

科目4——挑战者

训练目的

（1）团队中的个人激励能力。

（2）设立团队目标和团队激励的重要性。

（3）竞争策略的培养。

（4）团队资源的利用。

材料道具　事先画好的记分牌、用来记分的记号笔。

训练时间　50~60分钟。

规则程序

（1）将所有学生分成4组，以每组所成的队列为一边，组成一个正方形，所有学生面朝正方形内部。

（2）教师准备好记分牌，最好是所有人都能随时看到的牌子，宣布如下规则：

①游戏进行1小时，以最后获得分数最多的小组为优胜小组。

②游戏将随机抽取一个小组为最先挑战组，然后以被挑战小组为挑战组依次进行。

③挑战项目可以从对诗、对歌、俯卧撑比赛这类现场能够进行的项目中挑选，可以是个人项目，也可以是团队项目。挑战方决定挑战方式，教师判定挑战是否有效，如果无效，挑战方则失去这一轮资格。

④挑战方与被挑战方就挑战项目进行比赛，决出胜负之后还要进行一次第三方挑战，项目不得改变，第三方由剩下两个小队中首先表明要进行挑战的小组出战。

⑤第一次的胜方可以获得10分，第二次的胜方可以获得15分，如果两次胜利方为同一小队，则再增加5分得分。

⑥挑战方如果败了，要减去5分，第三方挑战者如果败了，将会被减去10分。

⑦被挑战小队成为挑战者之后，不能够选择刚刚结束轮次向自己挑战的小队。

⑧如果某小组在进行5轮中没有一次被挑战，则可以在教师的干预下直接成为挑战方，本轮之中他们的每次胜利都将增加15分得分。

⑨胜负由教师进行判定，教师可以准备一些资料以备自己查询。

（3）时间过半时，教师要进行提醒。

（4）游戏结束之后，教师公布分数，评选出优胜小队。

问题讨论

（1）你们团队是如何确定自己的优势特长的？又是使用何种策略发挥优势特长获取分数的？

（2）团队设立了什么样的目标？如果没有设立目标，在活动中队员的积极性如何？

（3）积极参与的队员是基于什么样的思考？为什么会有这样的激情奉献团队？

（4）不积极的队员是否一无是处？如何激发他们的参与热情？

（5）对于某些轮次的失败，团队都作了哪些总结？最后效果如何？
（6）优胜团队最值得学习的地方在哪里？

团队角色

本科目训练中你在组内的角色，请在右侧4种角色中选择符合自己的打“√”	（1）意见领袖	（2）响应者	（3）反对者	（4）观望者

个人感悟

科目5——工作环境的挑战

训练目的

（1）激发学生努力进取、培养积极心态。
（2）获取激励的方法。
（3）营造健康向上的公司氛围。

材料道具　纸和笔。

训练时间　20～30分钟。

规则程序

（1）培训者将参与者分成几个小组，让他们花15分钟的时间列出能够在工作场所激励自己的方法。

（2）如果大家愿意的话，可以运用“轮换”法来提高团队的创造性：首先让他们在一起工作几分钟，然后再让他们单独工作几分钟，最后让他们回到集体中去。

（3）各个小组都完成之后，让各小组的代表与大家分享他们的结果，并就提高工作激励的具体方法展开讨论。条件允许的话，可以收上他们列出的清单，并将它们汇总，然后将它们分发给每个参与者。

问题讨论

（1）描述组织可以提高个人激励的一些具体方法。
（2）描述组织可以通过培训和激励管理者，从而更有效地提高个人激励的一些具体方法。
（3）提高工作激励的合理时间表是什么样的？

（4）你赖以提高个人激励的主要理念（包括从本书或者其他地方学到的）是什么？

（5）你对实现这些改变有多大把握？请解释一下原因。

团队角色

本科目训练中你在组内的角色，请在右侧4种角色中选择符合自己的打“√”	（1）意见领袖	（2）响应者	（3）反对者	（4）观望者

个人感悟

科目6——听我的，没错

训练目的

（1）理解动机的含义。

（2）激励学生。

（3）了解激励的正确方法。

材料道具　几张不同面额的纸币。

训练时间　10～15分钟。

规则程序

（1）向学生介绍“动机”的含义是发自内心的，而非来源于外在的做某事的想法。

（2）然后对学生说：“请你们举起自己的左手。”每个人都会这么做。那么请你问他们：“你们为什么举起左手呢？”他们会说：“是你让我们这么做的啊。”

（3）得到回答后，说：“好吧，接下来请大家站起来，并把椅子举起来。”

（4）绝大多数情况下，几乎没有人站起来，因为他们觉得你在跟他们开玩笑。你需要继续鼓励他们：“如果我告诉你们，在椅子下有钞票，你们会不会站起来并举起椅子看看？”

（5）也许有人开始蠢蠢欲动，而一些谨慎的人还是不动。于是你要继续说：“我没有骗你们，不信你们看。”请一位学生站起来，从他的椅子下面取出一张100元的钞票，展示给大家看。

（6）这回大家都会相信，开始纷纷站起来寻找钞票。

问题讨论

（1）为什么第一次让你做事很容易，第二次却需要费些劲呢？

（2）钱是否能激励你？

团队角色

本科目训练中你在组内的角色，请在右侧4种角色中选择符合自己的打“√”	（1）意见领袖	（2）响应者	（3）反对者	（4）观望者

个人感悟

实训三　团队领导培育训练

科目1——盲人摸号

动画：团队领导艺术

训练目的

（1）塑造团队领导突破沟通障碍的能力。

（2）培养领导采取多渠道和方式，促进与员工的沟通。

材料道具　摄像机、眼罩及小贴纸。

训练时间　20～30分钟。

规则程序

（1）适当分组，让组内每位学生戴上眼罩 。

（2）给他们每人一个号，但这个号只有本人知道 。

（3）让小组根据每人的号数，按从小到大的顺序排列出一条直线。

（4）全过程不能说话，只要有人说话或脱下眼罩，游戏结束 。

（5）全过程录像，并在点评之前放给学生看。

问题讨论

（1）你是用什么方法来通知小组你的位置和号数的？

（2）沟通中都遇到了什么问题？你是怎么解决这些问题的？

（3）你怎么知道其他所有人是比你大还是比你小？

（4）你创造了哪些更好的沟通方法，来迅速获得其他所有人的信息？

（5）如果你是团队领袖 ，你与员工沟通采用了哪些沟通方式？请按照效果高低排序。

团队角色

本科目训练中你在组内的角色，请在右侧4种角色中选择符合自己的打“√”	（1）意见领袖	（2）响应者	（3）反对者	（4）观望者

个人感悟

科目2——众人围圈向前进

训练目的

（1）培养团队成员主动沟通与合作的意识，体验有效的沟通渠道和沟通方法。

（2）培养市场开拓意识，更新产品创新观念。

（3）培养学生科学系统的思维方式，增强全局观念。

（4）体会不同的领导风格对于团队完成任务的影响和重要作用。

材料道具　任务书和相应的资源。

训练时间　15分钟左右。

规则程序

（1）把整个团队分成7个小组，每个小组都拥有自己的任务书，也会得到相应的资源，要求小组利用资源按照任务书所规定的规则进行项目，达到团队积分1000分的目标。

（2）快速计算出学生的得分，并将它写在计分板上。

（3）组织学生围坐在一起，每一组先派一个代表或者所有的人都简单地发表自己的看法。

问题讨论

（1）有效的沟通渠道和沟通方法有哪些？

（2）你们团队是怎么高效完成目标的？

（3）团队内部有人发挥领导作用了吗？他的领导风格如何？

团队角色

本科目训练中你在组内的角色，请在右侧4种角色中选择符合自己的打“√”	（1）意见领袖	（2）响应者	（3）反对者	（4）观望者

个人感悟

科目3——寻找共同的图案

训练目的 综合运用领导手段，包括指挥、激励、沟通。

材料道具 空白纸条，带有信息的纸条。

训练时间 20～30分钟。

规则程序

（1）教师首先将学生分成6个小组，每个小组6人。小组划分完，教师要求各小组成员在小组内部选举出1位“董事长”，然后由“董事长”从小组成员中挑选并任命1位“经理”，其他小组成员作为员工。组织框架基本构建起来后，教师说明游戏规则。

第一，不许越级指挥和汇报，即“董事长”不能越过“经理”直接指挥员工，员工也不允许越过“经理”直接向“董事长”汇报和询问。

第二，只允许使用文字方式沟通，不允许讲话。要在20分钟内完成，哪个组最先完成任务就算优胜者。

第三，不管遇到什么问题，只有“董事长”有权举手示意，并低声向教师询问，此外的所有事情都只能在小组内部通过文字沟通的方式解决。

（2）教师给每个小组发放厚厚的一沓类似便笺的空白纸条，供大家沟通使用。让这些“董事长”们远离他们的“经理”和员工，“经理”和员工坐在一起。教师先给每一位“董事长”发放一张上面画有五种图案的纸，图的下面有几行文字说明，接着又给每一个小组的成员发放类似的一张纸，郑重声明不能交换，游戏开始了。

（3）“经理”和员工拿到的纸是一样的，上面画有五种图案，有的图案是一种鸟，有的图案是交通标志，图案的下面注明教师刚刚宣布的各种游戏规则，此外什么都没有。“董事长”拿到的纸有所不同，除了其他成员掌握的信息外，这张纸上多了一条信息，即“你们小组的每个人都拿了这样一张纸，上面也有五种图案，这些图案是不同的，只有一种图案在你们每个人拿到的纸上都有，你的任务是带领你的下属，在最短的时间内将这个共同的图案找出来，要求小组成员每个人都能向教师指出这个共同的图案”。

（4）仔细观察，每个小组的做法都有所不同？结合案例信息，分析各小组表现差异的原因。

问题讨论

（1）有效的表达在沟通中有何作用？

（2）对照沟通的各个环节，在你的团队中沟通存在哪些问题？应该如何去改进？

（3）组织内部如何提高文字沟通效果？

团队角色

本科目训练中你在组内的角色，请在右侧4种角色中选择符合自己的打“√”	（1）意见领袖	（2）响应者	（3）反对者	（4）观望者

个人感悟

思政园地

挑战极限，追求卓越
——振超团队

振超团队，以其卓越的管理和高效的执行力，在中国乃至全球的港航界都享有盛誉。这个团队以许振超为核心，他们凭借对技术的执着追求和团队协作的坚定信念，不断挑战极限，追求卓越。

许振超，作为振超团队的领军人物，他带领团队，不断钻研技术，攻克了一个又一个技术难题。他们不仅掌握了桥吊的构造和原理，还创造了“振超效率”，多次刷新集装箱装卸世界纪录。

振超团队的成功，离不开团队成员之间的紧密协作。他们分工明确，但又能够相互支持，共同应对各种挑战。在许振超的带领下，团队成员们不断学习新知识，掌握新技能，不断提升自己的专业素养。他们通过团队协作，实现了资源的优化配置，提高了工作效率。

振超团队还注重技术创新和节能减排。他们成功实施了集装箱轮胎吊“油改电”技术改造，不仅大幅节约了生产成本，还实现了大气污染零排放。这一成果不仅填补了国内空白，还在国际上产生了广泛影响。

振超团队的故事，是团队协作和追求卓越的生动体现。我们要从中汲取力量，学会如何在未来的学习和工作中更好地与他人合作，共同创造更加美好的未来。

课后实战

市场调研团队实战

实战一　组建调研团队

任务1　组建调研团队

任务描述 小组成员组建调研团队，商定团队使命、团队理念、设计团队形象识别系统（corporate identity system，CIS），完成表2-2。

表2-2　组建调研团队

研究项目	研究结果
团队名称	
团队使命	
团队理念	
团队CIS	

任务2　选择调研项目（议题）

任务描述 根据教师提供的课题，选择一个课题调研，完成表2-3。

表2-3　选择调研项目

调研项目名称	研究结果
调研目的	
项目简介	
时间安排	
……	

任务3 调研团队分工

任务描述 调研团队大致由协调员、调研员、数据整理员、数据分析员、方案撰写员、制作图片和PPT人员、演讲汇报人员等多名人员组成，组员根据兴趣特长进行分工，确定各自职责，完成表2-4。

表2-4 调研团队分工

营销策划团队角色	角色职责	分配组员
协调员		
调研员		
数据整理员		
数据分析员		
方案撰写员		
制作图片和PPT人员		
演讲汇报人员		
……		

实战二 调研前期准备

任务1 设计调研方案

任务描述 根据调研课题，设计调研方案，完成表2-5。

表2-5 设计调研方案

任务名称	研究结果
调研方案类型	
调研方案内容	
前言	

续表

任务名称	研究结果
调研的目的和意义	
调研的对象和范围	
调研方法	
调研时间进度	
经费预算	

任务2　选择调研方法

任务描述　根据调研课题，设计调研方案，完成表2-6。

表2-6　选择调研方法

任务名称	研究结果
实地调查法	有哪些种类？
访问调查法	
观察调查法	
实验调查法	
……	

任务3　抽样方案

任务描述　根据调研课题，选择抽样方法，完成表2-7。

表2-7　选择抽样方法

任务名称	研究结果
确定调查总体	
确定样本量	
确定抽样方法	随机抽样、系统抽样、分层抽样、多阶段抽样

任务4 设计调研问卷

任务描述 根据选定的项目，团队成员设计一份调研问卷，完成表2-8。

表2-8 设计调研问卷

任务名称	研究结果
调查问卷组成部分	

实战三 组织实施调研

任务1 培训调研人员

任务描述 根据调研方案，培训调研人员，完成表2-9。

表2-9 培训调研人员

任务名称	研究结果
建立调研项目领导小组	
选择调研人员	
做好实地调研准备工作	
培训调研人员	
……	

任务2 控制市场调研

任务描述 根据调研方案，控制市场调研，完成表2-10。

表2-10 控制市场调研

任务名称	研究结果
监督调研计划	
审核调研问卷	
监督调研人员	
……	

任务3 整理调研资料

任务描述 根据调研回收情况，整理调研资料，完成表2-11。

表2-11 整理调研资料

任务名称	研究结果
回收调研资料情况记录	
登记调研资料情况记录	
审核调研资料情况记录	
……	

实战四 撰写市场调研报告

任务1 调研数据分析

任务描述 根据整理调查资料，分析调研数据，完成表2-12。

表2-12 分析调研数据

任务名称	研究结果
数据资料编码	
数据资料录入	
选择统计方法	
数据资料图表化	
……	

任务2　撰写市场调研报告

任务描述　根据数据分析，撰写市场调研报告，完成表2-13。

表2-13　撰写市场调研报告

任务名称	研究结果
调研报告的结构	
调研报告的内容	
调研报告的写作方法	
……	

任务3　制作PPT汇报调研报告

任务描述　制作汇报 PPT，完成表2-14。

表2-14　制作汇报PPT

任务名称	研究结果
制作PPT模版	
PPT目录	
PPT正文	
PPT风格	
PPT结尾	

技能测试

测试1：团队沟通能力测试

团队沟通能力是指团队成员与其他成员进行积极沟通以协调相互间的行动的能力。请通过下列问题对自己的该项能力进行差距评测。

1. 你一般如何得知他人的真实想法？（　　）
   A. 与其直接沟通　　B. 根据他的行为做出判断
   C. 我总是能猜得很准
2. 你如何看待沟通在团队中的作用？（　　）
   A. 沟通能够达成目标　　B. 沟通能够协调行动
   C. 沟通能够达成共识
3. 你如何向团队成员下达行动指令？（　　）
   A. 双向沟通，确定目标　　B. 根据成员能力进行分配
   C. 直接规定其按期完成
4. 你如何避免团队沟通过程中的信息失真？（　　）
   A. 对信息进行反馈和确认　　B. 通过书面方式进行沟通
   C. 清晰表达自己
5. 作为管理者，你一般与团队成员进行怎样的沟通？（　　）
   A. 以非正式沟通为主　　B. 非正式与正式沟通各占一半
   C. 以正式沟通为主
6. 你如何避免在表达时产生歧义？（　　）
   A. 对表达内容进行确认　　B. 换种表达方法
   C. 事先了解听众背景，并针对性地调整表达内容与语气
7. 作为管理者，你如何对下属进行批评？（　　）
   A. 用含蓄的方式提醒　　B. 先表扬后批评
   C. 直接告知其错误，要求改正
8. 你如何看待你与他人沟通对第三人产生的影响？（　　）
   A. 有可能使第三人产生误解　　B. 有比较微弱的影响
   C. 和第三人没有关系
9. 你如何理解团队协作过程中的沟通？（　　）
   A. 沟通促进协作　　B. 沟通是协作的方式之一
   C. 默契可以代替沟通
10. 作为管理者，你如何提高团队沟通效率？（　　）
    A. 建立沟通机制　　B. 及时沟通
    C. 定期沟通

测评结果：

选A得1分，选B得2分，选C得3分。

24分以上，说明你的团队沟通能力很强，请继续保持和提升。

15～24分，说明你的团队沟通能力一般，请努力提升。

15分以下，说明你的团队沟通能力很差，亟须提升。

测试2：领导力之决策果断

假设你是一名船长，从某地出发，一路风平浪静，行驶极为顺利，突然间，浓雾弥漫，视野不佳，当雷达发现对方船只时已经避之不及，两船相撞……

这时候，身为船上最高领导的你要采取应急措施，请对以下的15个项目做出判断。你认为最急切需要处理的事项就写上1，最不急切的事项写上15，依次进行排列。

A．放点音乐，舒缓船上人员的紧张情绪。

B．命令船员放下救生艇。

C．检查发电机是否运转中。

D．搜索附近海域。

E．分配各救生艇的用具和人员。

F．请船医准备医疗用品。

G．为同舟共济，准备捆绑身体的绳索。

H．与现场人员确认事故状况。

I．通知船上人员进入紧急事故戒备中。

J．让各救生艇准备信号弹。

K．为船上所有人默默祝福，期盼平安。

L．封锁船体破损区的闸门。

M．为救助对方的乘客而放下救生艇。

N．准备搬出便携式无线电。

O．向附近船只发出紧急求救信号。

答案：1～15分别是HLIBOCNDJMFGEKA。

测试3：团队领导模式测试

请根据自己的实际情况，对下面各题进行认真选择。

1．上级对下级的信任（　　）。

A．几乎无　　B．有一点

C．比较高　　D．很高

2．下级能否随便找上级讨论工作问题？（　　）

A．不可能　　B．较少可能

C．较多可能　　D．经常

3．上级是否经常征求和采纳下级意见？（　　）

A．极少数　　B．有时

C．可能　　D．经常

4．奖惩状况（　　）。

A．惩罚为主，偶尔奖赏　　B．奖赏与处罚并用

C．奖赏为主，偶尔处罚　　D．优厚奖赏，启发自觉

5．完成组织目标是谁的责任？（　　）

A．上级　　B．上级与中级

C．多级　　D．各级

6．协作状况（　　）。

A．很弱　　B．较弱

C．很强　　D．较强

7．信息交流状况（　　）。

A．下向　　B．一般下向

C．下向与上向　　D．下向、上向与横向

8．下级对上传下达信息的态度反应（　　）。

A．怀疑　　B．可能怀疑

C．小心谨慎　　D．接受

9．往上传递信息是否准确？（　　）

A．一般不准　　B．常不准

C．较准确　　D．准确

10．上级的工作问题下级了解吗？（　　）

A．不清楚　　B．还算清楚

C．较清楚　　D．很清楚

11．作决定是哪一个级别的责任？（　　）

A．最高一级　　B．高级与委托

C．高级决策委托较多　　D．每个级别

12．下级有没有参与决策（工作问题）的权力？（　　）

A．几乎无　　B．偶有

C．一般有　　D．充分参与

13．决策的过程对情节有多少影响？（　　）

A．很少　　B．较少

C．有些影响　　D．有较大影响

14．组织目标是怎样制定的？（　　）

A．命令、指定　　B．命令、征求意见

C．讨论、然后命令　　D．团体决策

15. 下级对组织目标顺从吗？（　　）

A. 不顺从　　B. 较不顺从

C. 较顺从　　D. 很顺从

16. 考核和控制的权限是否集中？（　　）

A. 集中在上级　　B. 较集中在上级

C. 不大集中，有委托　　D. 充分分担

17. 有没有非正式组织采取消极抵抗。（　　）

A. 很强　　B. 常有

C. 有时有　　D. 没有

18. 企业的成本、生产率和其他控制数据的应用是为了（　　）。

A. 管辖处罚　　B. 奖赏和处罚

C. 奖赏和自我指导　　D. 自我指导和解决

测试分析

如果选择A的数量明显多于B、C和D，那么你的领导方式属于压制和权威式。

如果选择B的数量明显多于A、C和D，那么你的领导方式属于开明和权威式。

如果选择C的数量明显多于A、B和D，那么你的领导方式属于协商式。

如果选择D的数量明显多于A、B和C，那么你的领导方式属于集体参与式。

模块三

团队精神塑造

学习目标

知识目标

1. 理解团队凝聚力的定义、表现形式、影响因素。
2. 理解信任的内涵、掌握信任的标志、掌握营造团队信任氛围的方法。
3. 掌握团队合作意识的培养方法。
4. 理解团队士气的定义、特征、影响因素。
5. 掌握提升员工士气的七大法则。

能力目标

1. 能够掌握增强团队凝聚力的方法和手段。
2. 能够营造团队信任的氛围。
3. 能够鼓舞提升团队士气。

素质目标

1. 树立培养团队精神的意识。
2. 强化团队凝聚力与归属感意识。
3. 激励团队成员追求卓越，敢于挑战自我和团队极限。

思维导图

模块三 团队精神塑造

- 课前自学
  - 一、团队凝聚力
  - 二、团队信任合作
  - 三、团队士气
- 课中训练
  - 实训一　团队凝聚力训练
  - 实训二　团队信任训练
  - 实训三　团队士气训练
- 课后实战
  - 营销策划团队实战
    - 实战一　组建营销策划团队
    - 实战二　策划前期准备
    - 实战三　营销组合策划
    - 实战四　营销活动策划

课前自学

一、团队凝聚力

团队精神，是指团队整体的价值观、信念和奋斗意识，是团队成员为了团队的利益和目标而相互协作、共同奋斗的思想意识。团队精神包括三个层次：①团队的凝聚力；②团队成员之间的高度信任感和团队的合作意识；③团队成员的高昂士气。

团队凝聚力

（一）团队凝聚力的定义

团队凝聚力也称内聚力，是指一个团队之中的成员围绕着团队，尽心于团队的全部力量。团队凝聚力有着多方面的内容，具体来说，包括团队成员对团队的向心力、团队对其成员的吸引力以及团队成员之间的相互作用和相互信任的氛围。对团队凝聚力的测量有多种方法。心理学家莫里诺提出的社会测量法是一种管理界常用的团队凝聚力的测量方法。

（二）团队凝聚力的表现

团队凝聚力表现为团队成员头脑中所具有的团队意识，它包括以下几个方面。

1. 归属意识

归属意识即希望自己在某个组织中有一定的位置，以获得物质上和精神上的满足。团队成员将自己在社会中的位置具体定位于所在团队，认识到团队为自己提供了工作，个人命运与团队是息息相关的。

2. 亲和意识

亲和意识即个人愿意与他人建立友好关系和相互协作的心理倾向。团队成员在工作中互相依从、互相支持、密切配合，建立了平等互信、相互尊重的关系，如同处在一个家庭中。

3. 责任意识

责任意识即团队成员有着为团队的兴盛而尽职尽责的意识，具体包括恪尽职守、完成任务、勇于创新、遵守团队规则等。

4. 自豪意识

自豪意识即团队成员认为自己所在的团队有令他人羡慕的声誉、社会地位和经济收入等的荣耀心理。

（三）影响团队凝聚力的因素

团队不是孤立存在的，而是处在一定的环境中，受到多种因素的影响。这些因素包括外部因素和内部因素。

1. 外部因素

当团队成员受到外部威胁时，无论团队内部曾经发生过什么问题和矛盾，团队成员都会团结起来一致对外，团队的凝聚力会增强。一个团队与其他团队展开竞争时，团队的内部通常也会加强合作，提高凝聚力。

2. 内部因素

内部因素具体包括以下几个方面。

（1）团队的规模。团队规模越大，凝聚力相应就会越小。这是因为团队规模越大，成员之间的互动或相互作用就越困难，团队保持共同目标的能力也会相应减弱。而且，随着团队规模的增大，团队内部产生小团体的可能性也相应增大，而这些小团体通常会降低团队的凝聚力。

（2）团队的目标。当团队的目标与个人的目标一致时，显然，团队成员就愿意合作完成任务，凝聚力就会增强；反之，如果个人目标与团队目标南辕北辙，那么，个人所付出的努力就会减少，对团队的感情就会趋于冷淡，团队的凝聚力也会降低。

（3）团队的激励方式。对员工激励时，奖励的方式以团队为单位，可以使成员意识到个人利益和团队利益不可分割，可以强化团队的奋进精神，提高团队的凝聚力。团队不仅是人的集合，而且是能量的结合。团队精神的实质并非要团队成员牺牲自我完成工作，而是要充分利用和发挥团队所有成员的个体优势去做好工作。团队的综合竞争力正是来自对团队成员专长的合理配置。

（4）团队的成功经历。如果某个团队有成功的表现或极高的美誉度，就容易建立起团队合作精神，成员在这样的团队中也会产生荣誉感和自豪感。以往的光荣会激励今天的成员，让他们做得更出色。一般来说，成功的企业比不成功的企业更容易吸引和招聘到新的员工。

二、团队信任合作

（一）信任的内涵

团队信任

美国著名领导学的代表人物史蒂芬·柯维认为：“信任是激励的最高形式，它可以使人做到最好。”一切的关系都是建立在信任的基础上的。只有相互信任，团队成员才会在整个团队中畅所欲言。如果没有信任，交流就会很少，合作则几乎不可能。

团队领导者必须相信自己的团队能够完成自己交给他们的任务，同时团队成员也必须相信领导者指明的方向。如果一个团队中的成员能够密切合作，那么大家就会彼此信任，这会比各自为政创造出的价值更多。

信任可分为以下五个维度：①正直，即诚实、可信赖；②能力，即具有技术技能与人际交往技能；③一贯，即可靠，行为可以预测，在处理问题时具有较强的判断力；④忠实，即愿意为别人维护和保全面子；⑤开放，即愿意与别人自由地分享观点和信息。

罗宾斯认为，在信任关系中，这五个维度是相对稳定的，如果按照各维度的重要程度由大到小来排序，其结果应为正直、能力、忠实、一贯、开放。

（二）信任的标志

英国领导力和领导力发展方面的代表人物约翰·阿戴尔说过：“所有的领域都一样，自由的、有才能的人也需要合作。有效的领导是建立在信任和尊重的基础上的，而不是畏惧和屈从。”信任包括以下几个方面。

1. 坦诚地交流

人们互相信任时会感到很快乐，愿意说出真实的想法，承认自己的过失，彼此之间可以开诚布公，没有秘密，没有背地里的议论。比如，“你能再解释一遍吗？这个问题我还是不太理解。”这句话就体现了团队成员间坦诚的态度。

2. 尊重

有信任就有尊重。在这种情况下，团队成员会彼此珍视，即使意见有分歧，也能互相尊重。比如，“我一点也不同意这种观点，但是，我能理解你，我们的意见出现分歧是有原因的……”这句话就体现了信任与尊重的关系。

3. 授予管理权

当领导者信任自己的团队时，他（她）就会将任务的管理权交给团队成员，相信他们自己可以做出判断和决策。比如，“小刘，你能否找到投诉的原因，并且决定我们该如何更好地消除上午那位顾客的怒气?”这句话就体现了领导者的信任。

4. 承担风险

互相信任使人们愿意承担风险，因为他们知道犯错误没什么关系，只要能从中吸取教训就可以了。比如，“我们无法知道销售额增长的速度，所以，建议使用孙总的预测，也就是预测在未来的6个月中以每个月1%的速度增长，然后观察实际情况。”这句话就体现了团队成员间的信任。

（三）营造团队信任氛围

营造团队信任氛围，需要深入考察团队管理不同阶段的信任的演化过程，主要从以下三个方面进行信任管理。

1. 谋算型信任阶段的信任管理

谋算型信任阶段一般处于高层管理团队的形成期，此时，信任不仅是维持团队持续稳定发展的前提，还是一种非常脆弱的心理状态，一旦产生裂痕就很难缝合。要消除不信任带来的影响往往要付出巨大的代价，所以，防止不信任比增强信任更加重要。因此，在此阶段的成员互动过程中，应该改善心理状态中的动机成分，通过信任的投资减少不信任的产生，让团队顺利进入知识型信任和认同型信任阶段。

2. 知识型信任阶段的信任管理

与知识型信任阶段相对应的心理过程是团队成员的认知互动过程，在认知过程中，团队成员主要考察对方的人品和能力，所以，增强信任的手段也要从这两个方面入手。

相对于能力而言，人品更加重要，它是人们交往和合作的基础，也是决定个人是否值得信任的前提。在高层管理团队中，人们注重的人品主要有：成员是否有诚信、成员的行为和动机是不是带有很大的私心等。团队成员将通过认知过程充分地感知彼此的人品，因此，要增强创业团队中的信任，就要求团队成员对集体忠诚，彼此以诚相待、公平相处。团队成员应该在协作中向彼此证明自己的能力，同时也要以开放的心态去认识其他成员的能力，以各自的能力和贡献赢得其他成员的信任。另外，还应该为团队成员创造施展才能的机会和机制，根据每个成员的角色充分地授权，让团队成员能够毫无顾虑地充分展示自己的才能。

3. 认同型信任阶段的信任管理

在此阶段，为了更好地巩固高层管理团队的信任，团队成员之间应该注重感情投资和信任投资，相互之间表现出更多的支持、帮助和合作，建立深厚的友谊，而对不同的观点和行为风格，彼此应该有更多的理解和包容，建立开放合作的工作氛围，尊重他人的需求，维护他人的利益，建立共同的价值观体系，从而形成更深层次的信任关系。

认同型信任并不意味着信任关系非常稳固，这种信任仍然是脆弱的，在此阶段也需要防止信任转变为不信任。因为高层团队成员已经习惯了彼此的行为方式，此时反而会忽略彼此之间的沟通，一旦有成员的行为方式发生变化，就有可能引起其他成员的误解，从而导致信任关系的破裂，这种现象在现实中非常普遍。

（四）团队合作意识

培养团队成员之间高度的相互信任的目的，是加强团队成员的合作意识，以便更快更好地达成团队目标，主要从以下四个方面做起。

1. 上级领导应鼓励合作

资源是有限的。在现实生活中，有的领导者有嫉贤妒能的心理，唯恐下属有成就，会超过自己，侵夺下属应有的资源，进而给下属设置发展的障碍。其实，优秀的领导必然会力求帮助他人，协助团队，参与团队合作，与团队达成共识，帮助团队建立一种互信合作的氛围，因为只有帮助下级才能使领导者得到下级的支持和拥护，团队才能获得成功。

2. 要制定团队合作的规则

团队规则是团队成员在工作中与他人相处时必须遵守的标准。每个团队都应该制定出自己的规章制度，最好是同时制定出书面的、有益的团队行为和有害的团队行为表格，并向全体成员公布，以此来规范团队成员的行为。书面的团队行为表格，有利于鼓励有益的行为，纠正不良的行为，帮助成员了解什么是团队所期望的行为，从而提高团队成员的自我管理能力和自我控制能力，促进团队的成长，使之早日步入规范期。管理学家们指出，最有价值的团队规则可以分为以下七项。

（1）支持（backup）规则。团队成员之间寻求和提供协助与支持。

（2）沟通（communication）规则。团队成员准确、及时的信息交换。

（3）协调（coordination）规则。团队成员根据团队绩效要求的个人行动的整合。

（4）反馈（feedback）规则。团队成员之间对团队决策提供建议。

（5）监控（monitoring）规则。团队成员观察他人的规则，在必要时提供反馈和支持。

（6）团队领导（team leadership）规则。对团队成员的组织、指导和支持。

（7）团队导向（team orientation）规则。团队成员对团队规则、默契、凝聚力、文化等的认同和支持。

3. 建立长久的互动关系

人们常说：“理解万岁。”要打造一支有战力的团队，成员之间的换位思考是不可或缺的。无论是发布信息的人还是接受信息的人，都应当理解这些信息的内涵。

对于团队的上级领导者来说，与团队成员之间的沟通、理解尤为重要。要创造频繁且持续的机会，让团队成员们融为一体，如一起培训，一起参加竞赛，一起参加会议和活动等。

4. 强调长远的利益

团队领导者给成员描绘未来的愿景，并让成员相信“这个蓝图我们一定会实现”。这时，合作才会成为可能，成员将不再计较眼前的得失而主动合作达成愿景。要习惯于说“我们!”和“我们一起讨论一下问题出在哪里。“我们应该怎样做?”而不是“你们为什么会犯这样的错误?”

三、团队士气

团队士气

（一）团队士气的定义

所谓团队士气，就是团队的成员对自身所在的团队感到满意，愿意成为该团队的一员，并协助达成团队目标的一种态度。这种态度可以表现在一个人主动、努力工作的行为中。换言之，团队士气是团队全体成员的工作热情与工作行为的总和。

拿破仑说过：“一支团队的胜利，四分之三靠的是团队士气。”这一论断对认识和运用团队士气无疑是很有启迪作用的，这说明，团队成员的精神状态和风气对于团队的业绩非常重要。

（二）团队士气的特征

美国心理学家克瑞奇等人认为，一个士气高昂的战斗团队具有以下七个特征。

①团队的团结来自内部的凝聚力，而非外部的压力。

②团队本身具有适应外部变化的能力以及处理内部冲突的能力。

③团队成员对团队具有强烈的归属感，且团队成员之间具有强烈的认同感。

④团队成员没有分裂为相敌对的小团体的倾向。

⑤团队中每个成员都明确地意识到团队的目标。

⑥团队成员对团队的目标及领导者抱以肯定和支持的态度。

⑦团队成员承认团队存在的价值，并且有维护其团队存在和发展的意向。

（三）影响团队士气的因素

影响团队士气的因素包括以下几个方面。

1. 对团队目标的认同

如果团队成员对目标是认同的，他们的愿望和要求有所体现，士气就会高涨。

2. 奖酬体系

组织的奖酬体系应有所变革，以鼓励员工共同合作，提高士气，而不是增强员工之间的竞争气氛。组织中的晋升、加薪和其他形式的认可，应该给予那些善于在团队中与其他成员合作共事的人。员工在团队工作中得到奖励，并在团队中得到个人发展的机会，能够帮助伙伴们成长，这是令人振奋的。

3. 良好的信息沟通

如果领导者与下属之间、下属与下属之间的沟通流畅，团队成员能够积极参与决策，是能够提升团队士气的。

4. 团队内部的和谐程度

团队成员之间互相认同、赞许、体谅，通力合作，凝聚力强，很少出现冲突现象，就会提高士气。相反，发生内讧、窝里斗的团体，想好好干的成员也缺乏条件，只会耗费能力和资源，延误发展机会。

5. 领导者的特质

领导者领导作风民主，广开言路，乐于接纳不同的意见，办事公道，遇事能同大家商量，是影响士气的一个重大因素。善于体谅和关怀下属，就会产生高昂的团队士气。反之，独断专行，压制个人意见的领导作风则会降低团队成员的士气。

（四）提升员工士气的七大法则

（1）让员工感受到他们的工作不仅仅是一份工作。每个人都期盼着自己的工作能更上一层楼，但在某些时候，员工在日复一日的重复工作中慢慢地迷失了自己的方向。

（2）举办庆功宴。庆功宴为员工带来的不仅是一顿饱餐，而是内心里的感动。因为员工会明白自己的工作做出了价值，那种感觉不可言喻，与此同时，也能从中了解自己的工作情况。

（3）让员工追求自己的个人项目。个人项目是一种突破常规并激励员工的任务方式，同时可以成为公司的创新之源。

（4）混合公司①的一贯做法。从传统例会或是沉默的工作环境出发，发展到高昂的士

① 混合公司是指按《安第斯共同法规则》规定，本国投资享有51%～80%的资本，并能证明其可以按出资比例对公司加以有效控制的公司。

气的道路需要花费很长的时间。可以通过举办各种活动增强团队士气。

（5）不要忘记娱乐。工作之余定期举办集体娱乐活动，可以增强团队士气。

（6）培养员工积极向上的态度。通过实例让员工学习积极向上、永不言败的态度。

（7）偶尔离开办公室，让员工去做志愿者或是组织此类活动，也可以增强团队士气。

自学自测

一、单选题

1. 团队精神能够使团队成员齐心协力，拧成一股绳，朝着一个目标努力，对团队的个人来说，团队要达到的目标是自己必须努力的方向，团队的整体目标可以分解成各个小目标，在每个队员身上都得到落实。这是团队精神的（　　）。

A. 目标导向功能　　B. 团结凝聚功能

C. 实现控制功能　　D. 促进激励功能

2. 团队精神的核心是（　　）。

A. 挥洒个性　　B. 协同合作

C. 团结一致　　D. 奉献精神

3. 企业制度、企业规范，只能在有限和常规情况下，告诉员工“干什么”和“不干什么”，（　　）。

A. 确立明确的目标　　B. 培育共同的企业价值观

C. 公司的管理层起表率作用　　D. 激发员工的参与热情

4. 团队中每个人都会有优点，也会有缺点，会有些小毛病，犯点小错误。有些成员往往看到自己的优点，看到别人的都是缺点，（　　）。

A. 感觉自己不被重视　　B. 苦乐不均

C. 不负责任的态度　　D. 不能相互包容

5.（　　）的意思就是从团队精神的四个层次进行全面塑造，并且具有统一性。

A. 混乱阶段　　B. 片面阶段

C. 系统阶段　　D. 实践阶段

二、多选题

1. 团队凝聚力的表现包括（　　）。

A. 归属意识　　B. 亲和意识

C. 责任意识　　D. 自豪意识

E. 集体意识

2. 影响团队凝聚力的内部因素包括（　　）。

A. 团队的规模　　B. 团队的目标

C．团队的激励方式　　D．团队的成功经历
E．团队的类型

3．信任的标志有（　　）。
A．坦诚地交流　　B．尊重
C．授予管理权　　D．承担风险
E．服从管理

4．加强团队成员的合作意识，主要从以下几个方面做起（　　）。
A．上级领导应鼓励合作　　B．要制定团队合作的规则
C．建立长久的互动关系　　D．强调长远的利益
E．互帮互助

5．影响团队士气的因素包括以下几个方面（　　）。
A．对团队目标的认同　　B．奖酬体系
C．良好的信息沟通　　D．团队内部的和谐程度
E．领导者的特质

三、简答题

1．结合实际说明团队精神的内涵。
2．结合实际说明团队规则包含哪些内容。
3．你认为团队中存在纯粹的合作行为吗？
4．如何培养团队成员的相互信任感？
5．影响团队凝聚力和士气的因素分别有哪些？

课中训练

实训一　团队凝聚力训练

科目1——清道夫之错

训练目的

（1）全体学生迅速进入一项任务中，从而使他们开始建立团队认同感及凝聚力。

（2）这项活动最好应用于以下情况：

①在接下来的时间里，小组必须完成指派的其他任务；

②参与者能明显地在分组中得到利益。

动画：团队凝聚力

材料道具 一份已经准备好的物品清单。

训练时间 30～60分钟。

规则程序

（1）将全体学生分成4～6组（如果接下来他们将在同一个小组工作，教师就应事先计划分组；如果只需作大体上的分工合作，教师可随意分组）。

（2）给每组一个特定的时间限制来完成任务，并规定一些规则（例如，他们必须在规定的界限内，不得妨碍其他小组等）。

（3）向他们提供配好的物品清单（如一枚1969年的硬币，一枝花，一个玩偶，一卷卫生纸等），所列物品最好都是容易获得的，但必须通过小组成员的灵活机智和努力协作完成任务。

（4）根据各组获得的指定物品数量进行打分，并公布获胜小组（如果可能，给予一定的奖品）。

（5）其他可选择的操作程序如下：

①在指定时间内，指派各小组完成一项非结构性的任务；

②定义并收集所有他们认为会对本次培训有用的物品、数据或想法；

③最后请各组出示自己的结果和发现，并加以客观地分析。

问题讨论

（1）你的小组是如何组织并执行本次任务的？

（2）你的小组是如何选择最佳方案的？

（3）你们完成任务的成绩如何？

（4）作为一个团队，如果你们现在要完成一项重要的学习任务（如一个案例分析），你们的做法是否会与刚才有所不同？

团队角色

本科目训练中你在组内的角色，请在右侧4种角色中选择符合自己的打“√”	（1）意见领袖	（2）响应者	（3）反对者	（4）观望者

个人感悟

科目2—— 超级俯卧撑

训练目的

（1）掌握团队激励和个人激励的重要性。

（2）团队合作精神的培养。

（3）激发团队和个人进取精神。

材料道具 无。

训练时间 50～60分钟。

规则程序

（1）首先从团队中挑选出4名身体强壮的志愿者，要保证他们都能做十几个俯卧撑，并且背部没有生理方面的问题。

（2）让4名志愿者做一次集体俯卧撑。为了完成这个动作，他们必须趴在地上，把双脚顺次放到其他人的背上，这样所有人的脚都不会触地，地上只剩下4双手。在刚开始时，大家可能需要磨合一下，教师可适当给予帮助。

（3）前4名志愿者顺利完成第一个俯卧撑之后，教师号召剩下的学生加入进来，每次增加一名。要求和第一次一样，都是要把脚放到其他人背部，地上由手支撑；背部有生理问题的学生不必参与，教师可以安排其在旁边加油助威。

（4）每一次顺利完成之后，教师要给予夸赞和鼓励，并描述更加宏伟的目标来激励未参与的学生加入进来。

（5）最终看可以完成多大规模的俯卧撑，结束之后大家要以经久不息的掌声来为自己庆贺。

问题讨论

（1）看见4名志愿者完成俯卧撑之后，你有加入的冲动吗？

（2）当参加人数较多时，可能会发生一些障碍，在障碍面前，大家是如何处理的？

（3）作为最开始就加入的4名志愿者，大家对他们有什么看法？是不是可以作为很好的榜样？

（4）在达到极限时，有多少人有“再增加一个人”的冲动产生？而自己主动参战的心情如何？

团队角色

本科目训练中你在组内的角色，请在右侧4种角色中选择符合自己的打“√”	（1）意见领袖	（2）响应者	（3）反对者	（4）观望者

个人感悟

实训二 团队信任训练

科目1——盲人穿越障碍

训练目的

（1）挑战自我的安全区，建立对团队队员的信任，感受这种信任给自己带来的个人突破。

（2）训练倾听和辅导的技巧。

动画：团队信任

材料道具 眼罩。

训练时间 20～30分钟。

规则程序

（1）将团体分为两人一组，每组有一个人蒙上眼睛。

（2）没蒙眼的学生领着蒙眼者通过一段设有障碍的路，要求引路的同伴只用声音或身体接触作为引导。

（3）障碍物可以根据情况而定，如椅子、书、绳子等，如果在室外可选择花盆树木，设定的障碍物，最好能使学生要采取走、爬、跑、摇摆等方式才能通过，以增加难度。

（4）经过几秒钟的舒适引导后，看得见的同伴告诉蒙眼者跑五步。

（5）观察蒙眼者的反应。

（6）在前进中，要求引导者采用不同方式来引导对方。

问题讨论

（1）当蒙上眼睛后，是否有一种不安全感？

（2）对于带领自己的人，内心的想法如何？是否会完全信任对方？

（3）当蒙眼者被要求跑五步时，他有什么想法？

（4）带领者在行动过程中的心情如何？

（5）采用不同的引导方式，如声音或行动，被蒙眼的学生是否有不同的感受？

团队角色

本科目训练中你在组内的角色，请在右侧4种角色中选择符合自己的打“√”	（1）意见领袖	（2）响应者	（3）反对者	（4）观望者

个人感悟

科目2——快速运水

训练目的

（1）活跃团队气氛。

（2）鼓舞士气。

（3）激励团队。

材料道具　纸杯每人一个，水，计时秒表。

训练时间　10～15分钟。

规则程序

（1）所有学生分成10人一组，最好男女混合。

（2）每位学生获得纸杯一个，各组以纵队形式排列，间隔1米左右。

（3）让排头学生将纸杯衔在口中，然后注水至不会溢出为止。

（4）宣布游戏开始：每组学生依次将杯中的水往下传递，不能用手辅助，传递时杯子必须衔在口中。

（5）可以让没有传递或者已经传递的学生在旁边进行鼓励或者技术指导。

（6）以传递到最后一名学生杯中的水最多的小组为胜利，要求其他小组成员给他们热烈的掌声祝贺。

问题讨论

（1）这个目标是否超过了人们的能力范围？团队完成得怎么样？

（2）队友的鼓励对团队有多大影响？成员们是否因此更加期望好的结果？

（3）当水洒出来时，你是很紧张还是一点都不紧张？这说明了什么？

团队角色

本科目训练中你在组内的角色，请在右侧4种角色中选择符合自己的打“√”	（1）意见领袖	（2）响应者	（3）反对者	（4）观望者

个人感悟

科目3——风中劲草

训练目的

（1）塑造团队精神。

（2）培养团体间的高度信任。

材料道具　无。

训练时间　10～15分钟。

规则程序

（1）学生8人一组，围成向心圆，其中一个成员双手抱在胸前站在圆心，其他组员围成圆形，伸出双手，并进行以下对话。

站在中心组员：“我叫某某（自己的名字），我准备好了，你们准备好了吗？”

其他围成圆形的组织员：“准备好了！”

站在中心组员：“我倒了？”

其他围成圆形的组织员：“倒吧！”

（2）这时中心组员倒在组员手中，全体组员把他（她）按顺时针推动两圈。

（3）小组成员轮流做一次。

问题讨论

（1）该游戏最难的地方在哪里？下次你会怎样改进？

（2）在活动过程中，你感觉自己所在团队的合作意识怎样？是否有信任感？

（3）你们团队的精神状态如何？

团队角色

本科目训练中你在组内的角色，请在右侧4种角色中选择符合自己的打“√”	（1）意见领袖	（2）响应者	（3）反对者	（4）观望者

个人感悟

科目4——信任背摔

训练目的

（1）培养团体间的高度信任。

（2）提高组员的人际沟通能力。

（3）引导组员换位思考，让他们认识到责任与信任是相互的。

材料道具 高台，束手绳。

训练时间 30～40分钟。

规则程序

这是一个广为人知的经典拓展项目，每个队员都要笔直地从1.6米的平台上向后倒下，而其他队员则要伸出双手保护他（她）。每个人都希望可以和他人相互信任，否则就会缺乏安全感。要获得他人的信任，就要先做个值得他人信任的人。对别人猜疑的人，是难以获得别人的信任的。这个游戏能使队员在活动中建立并加强对伙伴的信任感和责任感。

问题讨论

（1）你在高台上恐慌吗？

（2）当你准备向后倒下时，你信任你的队友吗？

（3）你在下面接队友时有什么想法？

（4）在一个团队中如何建立信任？

团队角色

本科目训练中你在组内的角色，请在右侧4种角色中选择符合自己的打“√”	（1）意见领袖	（2）响应者	（3）反对者	（4）观望者

个人感悟

实训三　团队士气训练

科目1——穿越“电网”

训练目的

（1）掌握团队激励。

（2）掌握团队决策、团队合作、团队信任。

（3）合理利用资源。

材料道具　编织好的“电网”或者编织“电网”的材料、绳洞标记（如夹子）。

训练时间　30～40分钟。

动画：团队士气

规则程序

（1）教师准备好活动道具，选择合适的场地悬挂好“电网”。“电网”可以是事先编织好的绳网，也可以是根据具体人数和人员特点临时编织的。

（2）参与学生每组人数控制在20人以下、10人以上。

（3）给学生设定任务目标：在40分钟之内，全体成员都要平安通过面前这张绳网。可以通过的通道为绳网上的孔洞，孔洞不能够重复利用。当大家通过孔洞时，身体任何部分包括衣服、头发都不能触及绳网的任何部分，否则算作失败。通过的学生不能再返回起点这边，违反者视作没有通过。请大家记住，团队的任务是全体学生都要通过，只要有一人没有通过，整个队伍的任务算作失败。

（4）在游戏开始初期，教师要严格控制违规行为，一旦有人违规，可以实施适当的“处罚”，比如，男生做俯卧撑5个，女生做蹲起10下，或者罚戴眼罩10分钟。

（5）当第一名学生顺利通过时，请教师给予热烈的表扬和鼓励，激发整个队伍完成任务的信心。

（6）教师准备相应的器材，每个孔洞使用过之后要做上适当的标记。

（7）在团队陷入困境、时间又不多的情况下，教师可以适当调整任务难度，放宽触规认定，但不能毫无原则地放松，仍然要使团队有压迫感和紧张感。

（8）整个活动过程中，教师随时注意监控学生行为的安全性，及时制止不安全的行为，如抛扔学生。教师应站在人数较少的一边，以便及时纠正。

（9）任务完成或者时间截止之后，带领大家进行相关的讨论。

问题讨论

（1）团队是以什么心情来接受任务的？士气的高低与任务的达成有直接关系吗？

（2）团队接受任务之后，形成了什么样的方案？该方案是如何达成的？

（3）是否进行了可以通过的孔洞的统筹分配？如果没有，会对最终任务的完成造成什么影响？

（4）团队可以利用的资源有哪些？激情和坚持算不算团队的可利用资源？

（5）团队有没有合理的分工？哪些类型的学生属于关键性资源？

（6）当团队不断遭遇失败时，团队士气如何？完成任务信心如何？当团队顺利通过第一个人时，此时的团队信心又是怎样的？

（7）教师的表扬和鼓励有没有对大家的任务激情产生正面的影响？

（8）为什么个人的失败或成功会对团队产生全局的影响？

（9）从学生个体来看，什么样的行为是对团队最大的有利行为？可以分别从几个角色进行相关讨论。

团队角色

本科目训练中你在组内的角色，请在右侧4种角色中选择符合自己的打“√”	（1）意见领袖	（2）响应者	（3）反对者	（4）观望者

个人感悟

科目2——勇渡鳄鱼湖

训练目的

（1）掌握团队激励的重要性。

（2）个人与团队的冲突与协作。

（3）培养创新意识。

材料道具 3个直径约80厘米的大油桶，一块长约2米、宽约30厘米，厚约5厘米的结实木板。

训练时间 30～40分钟。

规则程序

（1）教师清理出一块宽3～5米、长约12米的场地，画好起点和终点，两点相距10米左右；注意清除地面的障碍物和安全隐患，如玻璃碴儿、尖锐石子、树桩等。

（2）教师准备如下道具：3个直径约80厘米的大油桶，一块长约2米、宽约30厘米、厚约5厘米的结实木板。

（3）限制参与学生在15人左右，如果人员过多则进行适当分组，人数较少可以通过其余方式适当增加难度。

（4）参与学生集中在起点，由教师描述游戏。

①现在大家都处在一个将被湖水淹没的小岛，离开小岛通往陆地的唯一途径是一个湖泊，但是湖泊中充满了极具攻击力的凶猛鳄鱼。

②大家有40分钟时间离开小岛到达陆地以脱离危险，所有可用的道具为3个大油桶和一块木板。

③一旦有学生在过程中触地，将会被鳄鱼瞬间吞食，如果要保住该学生，所有学生都必须重新开始。

④若木板落到地上，则所有学生也必须全部返回重新开始。

（5）教师和助理在活动中注意监控学生安全，一旦有不安全的行动实施，则立刻制止。

（6）当任务完成或者时间截止之后，教师组织学生进行相关讨论。

问题讨论

（1）任务明确之后，团队进行了怎样的决策？形成了哪些行动方案？哪些学生在这个过程中起到了关键作用？

（2）团队是如何设定自己的预期目标的？这个预期目标对于发挥团队潜力有何影响？

（3）团队在方案实施过程中进行了哪些分工？形成了哪些角色？这些角色都是必要的吗？

（4）最初订立的方案在执行中遇到了哪些困难？大家是如何克服的？

（5）当有学生在中途不幸落到地面后，团队选择了什么样的继续方案？这种方案对团队有什么影响？

（6）在这个游戏中，团队和个人的冲突可能出现在哪些方面？都有哪些可行性解决方案？

（7）团队在讨论和实施的时间上是如何进行分配的？这样分配对最后的结果有哪方面的影响？有值得改进的地方吗？

（8）团队中谁在整个过程中起到了关键作用？他是因为什么事情而形成了这种作用？

团队角色

本科目训练中你在组内的角色，请在右侧4种角色中选择符合自己的打“√”	（1）意见领袖	（2）响应者	（3）反对者	（4）观望者

个人感悟

科目3——蚂蚁大逃难

训练目的

（1）掌握团队激励和个人激励的重要性。

（2）团队合作精神的培养。

（3）危机处理的观念。

（4）培养创新意识。

材料道具 边长1.5米左右的正方形帆布或者塑料布，或者是面积近似的其他形状。

训练时间 30～60分钟。

规则程序

（1）每组参与人数以10～20人为宜，教师可以根据具体情况进行调配。

（2）场地要平坦且无安全隐患，游戏开始前清除突出尖锐物等。

（3）教师向参加学生讲解游戏规则。

①所有参与学生作为一个蚂蚁军团的蚁兵，正在运输从野外寻来的食物时，天降大雨，沟渠水溢，将行进中的蚂蚁冲得七零八落。

②幸亏有十几只聪明的蚂蚁爬到一片小树叶上暂时躲过危机，不过他们很快发现树叶来自有毒植物，并且毒液正缓慢从树叶正面溢出。

③为了彻底逃脱危险，需要蚂蚁幸存者在30分钟之内将树叶翻个面，大家一起站在树叶背面，既要躲避水患，又要避免树叶正面的毒液。

④要求在保证所有蚂蚁安全的前提下，全体成员将树叶翻过来。

⑤当大家在翻树叶时，触地的蚂蚁将会被水流冲走，需要全体成员全部重新开始。

⑥由于毒液的渗出，在第10分钟、第20分钟以及第25分钟时都会有一只蚂蚁中毒而失去视觉。

（4）当游戏开始之后，教师和助理要注意监控不安全的行动，随时制止这类行动。

（5）当任务顺利达成或者时间截止之后，由教师组织相关讨论。

问题讨论

（1）对整个任务的认识，团队经过了哪些讨论？最后形成了什么样的决策和行动方案？

（2）哪些成员对于团队决策的形成具有关键作用？主要体现在哪些方面？

（3）团队根据什么情况对成员进行分工？有哪些分工在任务完成中具有关键作用？

（4）团队中如何确定中毒变盲的成员？是通过哪些方面的因素来确认的？

（5）团队在整个任务中可以利用的资源有哪些？什么资源是关键资源？

（6）团队哪些创意给任务完成带来了关键的帮助？

（7）个人如何协同团队的行动？如果某个平衡状态下个人的平衡度远低于团队的平衡度，应该怎么处理？

（8）当有团队成员违规时，团队如何应对这种意外情况？哪些成员对于危机的解决提供了关键的帮助？

（9）在一些需要紧密接触的情况下，团队如何保证每个人的认可度？对于实在不愿意认可的成员可以采取哪些措施？

（10）什么情况可能导致团队放弃任务？团队是如何克服这种情况的？

团队角色

本科目训练中你在组内的角色，请在右侧4种角色中选择符合自己的打“√”	（1）意见领袖	（2）响应者	（3）反对者	（4）观望者

个人感悟

科目4——背靠背

训练目的

（1）个人挑战和团队激励。

（2）增强团队合作的精神。

材料道具　较为开阔平坦的场地，清除地面危险物品，必要时准备一张较大的干净帆布。

训练时间　30分钟左右。

规则程序

（1）清除活动场地上的突出尖锐物和其他危险物品。可能的话，在地上铺上干净帆布。

（2）首先从学生中挑选出两名学生，背靠背坐到地上，两人将手互相交叉，形成一个整体，在教师的组织下一起站起来。

（3）完成之后，教师组织学生不断加入，最后要求达成所有学生一起先坐下再一起站起来的目标。

（4）当学生顺利完成目标后，向整个团队表达祝贺。

问题讨论

（1）如果开始两名学生进行得不顺利，会对后面的任务进行造成什么影响？

（2）当许多学生都在一起为一个目标努力时，你的个人心情是怎样的？

（3）学生之间的互相鼓励会给任务的达成带来什么有利影响？

团队角色

本科目训练中你在组内的角色，请在右侧4种角色中选择符合自己的打“√”	（1）意见领袖	（2）响应者	（3）反对者	（4）观望者

个人感悟

思政园地

测绘先锋，团队精神的典范
——国测一大队

国测一大队，作为中国测绘事业的先锋队，他们徒步穿越沙漠、戈壁、雪山，用双脚丈量祖国的山川大地，用精准的测绘数据为国家建设和发展提供了坚实保障。这个团队不仅展现了高超的专业技能，更彰显了卓越的团队精神。

国测一大队自成立以来，始终坚守着“热爱祖国、忠诚事业、艰苦奋斗、无私奉献”的测绘精神。他们面对恶劣的自然环境和复杂的工作条件，从不退缩，始终保持着高昂的工作热情和坚定的信念。在每一次测绘任务中，团队成员之间都保持着紧密的协作和沟通，共同应对各种挑战和困难。

在团队管理上，国测一大队注重培养团队成员的责任感和使命感。他们通过组织各种培训和活动，提高团队成员的专业素养和综合素质，同时也增强了团队的凝聚力和向心力。在测绘工作中，团队成员之间分工明确，但又能够相互支持、相互补充，共同完成了许多具有挑战性的任务。

国测一大队的成功，离不开团队成员的共同努力和无私奉献。他们用自己的实际行动诠释了什么是真正的团队精神，也为我们树立了榜样。在未来的发展中，我们应该学习国测一大队的团队精神，注重团队协作和沟通，培养团队成员的责任感和使命感，共同为实现国家的繁荣富强贡献自己的力量。

课后实战

营销策划团队实战

实战一　组建营销策划团队

任务1　组建策划团队

任务描述　小组成员组建策划团队，商定团队使命、团队理念、设计团队CIS，完成表3-1。

表3-1　组建策划团队

研究项目	研究结果
团队名称	
团队使命	
团队理念	
团队CIS	

任务2　策划团队分工

任务描述　策划团队大致由调查人员、策划人员、方案撰写人员、制作宣传图片人员、制作PPT人员、演讲汇报人员等多名人员组成，组员根据兴趣特长进行分工，确定各自职责，完成表3-2。

表3-2 策划团队分工

营销策划团队角色	角色职责	分配组员
调查人员		
策划人员		
方案撰写人员		
制作宣传图片人员		
制作PPT人员		
演讲汇报人员		
……		

实战二 策划前期准备

任务1 选择策划项目

任务描述 根据提供的资料，选择一个项目做策划，完成表3-3。

表3-3 选择策划项目

策划项目名称	
策划目的	
项目简介	
时间安排	
……	

任务2 PEST分析

任务描述 根据选定的项目，做PEST分析①，完成表3-4。

表3-4 PEST分析

策划项目名称	
政治环境分析	

① PEST分析，即宏观环境分析，指政治（politics）、经济（economy）、社会（society）、技术（technology）分析。

续表

经济环境分析 社会文化环境分析 技术环境分析 分析总结	

任务3 STP营销战略

任务描述 根据选定的项目，制作STP营销战略①，完成表3-5。

表3-5 制作STP营销战略

任务名称	研究结果
策划项目名称 市场细分 目标市场 市场定位 总结	

实战二 营销组合策划

任务1 产品策划

任务描述 根据选定的产品，策划产品组合，完成表3-6。

表3-6 策划产品组合

任务名称	研究结果
产品名称 品牌 包装 新产品开发 周边产品	

① STP营销战略，即市场细分（segmenting）、目标市场（targeting）、市场定位（positioning），从这三方面制定市场营销战略。

任务2　价格策划

任务描述　根据选定的产品，制定产品价格战略，完成表3-7。

表3-7　制定产品价格战略

任务名称	研究结果
定价种类	
产品价格策略选择	
组合定价策略	
……	

任务3　渠道策划

任务描述　根据选定的产品，制定渠道战略，完成表3-8。

表3-8　制定渠道战略

任务名称	研究结果
渠道种类	
产品渠道策略选择	
组合渠道策略	
……	

任务4　促销策划

任务描述　根据选定的产品，制定促销战略，完成表3-9。

表3-9　制定促销战略

任务名称	研究结果
促销种类	
产品促销策略选择	
组合促销策略	
……	

实战四　营销活动策划

任务1　制作活动宣传文案、H5图片

任务描述　根据选定的产品，选择特定的节日，制作活动宣传文案，完成表3-10。

表3-10　制作活动宣传文案

任务名称	研究结果
策划项目名称 新媒体形式 文案 ……	

任务2　确定活动方案

任务描述　根据选定的商品，确定选择的节日，面向特定的人员，撰写营销活动策划，完成表3-11。

表3-11　撰写营销活动策划

任务名称	研究结果
策划方案名称 活动节日 活动目标 活动主题 活动受众 传播形式 活动时间 媒体策划 活动预算 预期效果 ……	

任务3　制作汇报PPT

任务描述　制作涵盖营销组合策划和营销活动策划内容的汇报PPT，完成表3-12。

表3-12　制作汇报PPT

制作PPT模版 PPT封面 PPT目录 PPT导航页 PPT风格 PPT结尾	

技能测试

测试　团队价值评估

说明：表3-13中的15个问题是关于团队和团队协作的价值观问题。大家可以按照团队的实际情况，在适当的数字上画圈。

表3-13　团队价值评估

题目	回答		
1. 工作重心	很模糊，不明确	1 2 3 4 5 6 7	很清楚
2. 工作的各种必备资源	不充足	1 2 3 4 5 6 7	很充足
3. 管理层对我们完成目标的能力的信任	丝毫没有表示	1 2 3 4 5 6 7	明白表示出来
4. 团队成员之间的交流	相互隐藏各自的想法	1 2 3 4 5 6 7	开放，共享
5. 与管理层的沟通	不沟通，沟通得不彻底	1 2 3 4 5 6 7	得到支持，彻底的沟通
6. 对工作成果的期望值	不实际	1 2 3 4 5 6 7	基于我们能力的大小
7. 工作量	过多	1 2 3 4 5 6 7	适度
8. 权威	没有充分的权力，导致工作效率低下	1 2 3 4 5 6 7	充分授权
9. 团队成员	缺乏专业知识和上进心	1 2 3 4 5 6 7	有知识、负责任
10. 使命	从来没有	1 2 3 4 5 6 7	指导着我们的工作
11. 团队领导能力	薄弱，领导不规范	1 2 3 4 5 6 7	促进了团队的发展
12. 开会	浪费时间	1 2 3 4 5 6 7	很有效
13. 激励	没有书面规定，随意性大	1 2 3 4 5 6 7	多种激励方式
14. 对我们成绩的认可	管理层根本不关心	1 2 3 4 5 6 7	对我们成绩大加赞赏
15. 团队精神	分裂的，敌对的	1 2 3 4 5 6 7	紧密的，亲密无间的

注：1～7表示回答的渐进过程。

模块四

团队冲突管理

学习目标

知识目标

1. 理解冲突的定义，了解冲突的表现。
2. 了解团队冲突的不同观念。
3. 掌握冲突的类型。
4. 掌握冲突的发展过程。
5. 掌握消除破坏性冲突以及激发建设性冲突的技术。

能力目标

1. 能够识别团队冲突。
2. 能够根据冲突的不同阶段采取措施解决冲突。
3. 能够用消除破坏性冲突的技术解决破坏性冲突。
4. 能够用激发建设性冲突的技术制造建设性冲突。

素质目标

1. 树立激发建设性冲突的意识。
2. 树立用耐心和毅力去调解冲突的意识。
3. 培养冲突管理意识，用冷静、客观的态度对待冲突，避免在冲突中情绪化。

思维导图

模块四 团队冲突管理

- 课前自学
  - 一、团队冲突概述
  - 二、团队冲突的过程
  - 三、团队冲突处理
- 课中训练
  - 实训一　团队讨论训练
  - 实训二　团队决策训练
  - 实训三　团队冲突处理训练
- 课后实战
  - 短视频运营团队实战
    - 实战一　组建短视频团队
    - 实战二　创建短视频账户
    - 实战三　拍摄和制作短视频
    - 实战四　运营短视频

课前自学

一、团队冲突概述

团队冲突概述

（一）冲突的定义

对于“冲突”一词，人们有着诸多不同的定义。芬克认为，冲突是“在任何一个社会环境或过程中，两个以上的统一体被至少一种形式的敌对心理关系或敌对互动所连接的现象”。

托马斯强调，冲突是“一方感到另一方损害了或打算损害自己利益时所开始的一个过程”。

托纳认为“冲突是两方之间公开与直接的互动，冲突中的每一方的行动都是旨在禁止对方达到目标”。

上述定义的共同点是冲突必须是双方感知到的，且双方的意见是对立的或者是不统一的。

从总体上看，冲突是指个人或团队对于同一事物持有不同的态度与处理方法而产生的矛盾。冲突常表现为由于观点不一致而引起的激烈争斗。在团体中，个人之间的冲突在一定程度上总是存在的，因为人与人之间存在各种差异，例如，价值观、信仰、态度以及行为上的差异。差异必然会导致分歧，分歧发展到一定程度就会导致冲突。因此，冲突是客观存在的，是无法逃避的，是不以人的意志为转移的。应该说，冲突是团队生活中无法避免的特色之一。

（二）冲突的表现

冲突具有如下表现。

（1）个人、团队、组织及其组成部分之间很少交流。

（2）团队间不是在相互合作与相互尊重的基础上建立关系，而是基于对他人地位的羡慕、嫉妒和愤怒而产生恶劣的关系。

（3）团队成员之间的关系恶化，个性抵触增多。

（4）规章制度尤其是牵涉生产当中细微领域的规章制度增多。

（5）各种秘密和传闻不胫而走，小事情成了大事情，小问题成了大危机，很小的异议成了严重的争议。

（6）组织、部门、团队中有成员的成绩下降。

（三）冲突的理念发展

通过了解各种不同的冲突，可以加强对冲突的认识。

1. 传统冲突观念

传统的冲突观念认为，冲突是不良的、消极的和有害的，出现冲突一定会导致团队成员相互间的抵触，引起团队的分裂甚至瓦解，影响团队实现目标。因此，这种观念主张避免一切冲突。人们甚至把冲突同混乱、破坏联系起来，认为冲突会对社会造成危害。中国的传统文化强调“以和为贵”，主张“中庸之道”。因此，中国人比较容易接受传统的冲突观念。

近年的研究表明，冲突水平在一定程度上与工作绩效成正比，完全没有冲突是难以激发组织成员的工作激情的。因此，现代管理思想在承认冲突对团队可能存在有害性的同时，指出在某些情况下，冲突对团队是有益的。因此，传统的冲突观念并不完全正确。

2. 人际关系观念

人际关系观念在20世纪40年代至70年代占主导地位，它认为对任何组织、团队和个人而言，冲突都是不可避免的。人际关系观念在一定程度上合理化了冲突的存在，而且还承认冲突有着对团队工作产生积极影响的潜在可能性。所以，应接纳冲突，并适当地控制和利用冲突。

3. 相互作用观念

相互作用观念盛行于20世纪80年代以后，是当代冲突理论的主流学派。

相互作用观念不但承认冲突的存在，而且还鼓励冲突在组织内发生。该观念认为，融洽、和平及合作的组织容易对变革表现得静止、冷漠和迟钝。相反，某些冲突则可以作为组织内的积极动力，提高工作绩效。

基于相互作用的观念，不能认为所有的冲突都是好的或都是坏的，而应区别冲突的性质，辨别功能正常的冲突与功能失常的冲突，以便更好地管理团队和解决冲突问题。

4. 功能正常与功能失常的冲突

所谓功能正常的冲突，也称建设性冲突，是指让彼此间隐藏的不满和误解明朗化，说出来反而能够得以化解。在冲突的过程中，双方目标一致，只是方法不同，但双方都关心共同的目标并努力实现该目标，且只对事不对人。功能正常的冲突可以增强团队内部的凝聚力，激发员工的积极性和创造性。这种冲突的积极意义是很大的。

所谓功能失常的冲突，也称破坏性冲突，是指双方由于目标不同，各自对自己的观点深信不疑，坚持互不相让。如表4-1所示是对两种不同冲突的比较。

功能失常的冲突最终会导致非理性行为，冲突双方互相攻击、污蔑，直到合作关系破裂。在团队中，功能失常的冲突往往会使成员的努力偏离团队目标，造成组织的资源浪费及团队凝聚力的下降，因此，这种冲突的危害性是极大的。

表4-1 两种不同冲突的比较

功能正常的冲突	功能失常的冲突
双方对实现共同的目标很关心	双方对赢得自己观点的胜利十分关心
乐于了解对方的观点、意见	不愿听取对方的观点、意见
大家以争议问题为中心	双方由问题的争论转变为人身攻击
互相交换的情况不断增加	互相交换的情况不断减少，以致完全停止

（四）冲突的分类

冲突可以划分为角色冲突、人际冲突和团队冲突三类，每一类冲突均在管理层面上有各自独特的含义。

1. 角色冲突

角色冲突是指两人或更多的人之间由于所担负的角色不同而产生的不和谐。不同的角色依据其在团队中所处位置的不同，承担不同的职责和任务。每一种角色总是与一组行为预期相联系。例如，工人被期望生产出更多、更好的产品，营销人员被期望开辟出新的市场空间。当某一团队成员被期望担负的角色与他实际所担负的角色不一致时，角色冲突就产生了。

2. 人际冲突

在存在两个或是更多人的情况下，各个个体之间也是有可能产生冲突的。

3. 团队冲突

团队冲突发生在不同的团队之间，其表现形式可能与人际冲突相似，但起因通常是不同的，即冲突原因更多来自团队的因素。由于团队冲突涉及的人更多，所以冲突的情形也更为复杂。

二、团队冲突的过程

团队冲突是一个动态的过程，是从冲突的相关主体的潜在矛盾影射为彼此的冲突意识，再酝酿成彼此的冲突行为意向，然后表现出彼此显性的冲突行为，最终造成冲突的结果与影响。这是一个逐步演进和变化的互动过程。美国学者庞地将冲突的过程分为五个阶段。

团队冲突的过程

（一）潜在对立或不一致阶段

潜在对立或不一致是因为团队中发生交互关系和互动过程的不同主体彼此之间存在能够引发冲突的一些必要条件。这些条件虽然不一定直接导致冲突，但往往都潜伏在冲突的背后，成为冲突产生的“导火索”。引起团队冲突的潜在因素可以分为以下三类。

1. 个体间的差异因素

在团队中，成员的个人因素方面存在的不同差异会导致各种各样的冲突，这种差异主要包括以下几个方面：年龄、职位、思维。下面分别说明这三个方面的差异导致冲突的产生。

（1）年龄的不同。不同年龄的人由于社会经历和社会知识的差异，出现了不同的定性反应，致使双方难以相互理解，因而酿成冲突。有些年轻人总感到年纪大的人思想保守、顽固，不接受新事物；而年纪大的人往往认为年轻人浮躁、自傲。这些偏见是成员之间产生冲突的潜在因素。

（2）职位的不同。在一个团队中，各个不同职位的人应当认真守好自己的岗位，尤其是领导团队。如果本位思想严重，就会涣散团体士气而导致冲突。例如，在有的企业，经理自己处于组织行政指挥的“中心地位”，董事长则强调自己处于“核心地位”，他们遇事不是协同商量研究，而是互相争权拆台，争吵不休。

（3）思维的不同。由于人们在知识、经验、态度、观点等方面存在差异，往往对同一事物有不同的认识，由此会产生一定的冲突。例如，在改革的步伐上、用人的观念上、团队目标的设想上等，往往都会存在差异以致产生矛盾和发生冲突。

2. 团队的结构因素

可以从以下几个方面来看团队的结构情况。

首先，从团队成员的构成来看。如果团队由具有不同利益或者不同价值观、人际风格的成员组成，成员们对团队的认识肯定会不一致；同时，随着团队的发展，团队成员可能会改变，当一个新成员加入团队时，团队的稳定性被破坏，就可能引起冲突。

其次，从团队的规模来看。当团队规模越来越大，任务越来越专业化的时候。成员的分工就越细致，都有明确的工作范围和界限，如果其他成员有所涉及或进行干预，发生冲突的可能性就会加大。

最后，任职的时间和冲突成反比。团队成员越年轻，在团队工作的时间越短，发生冲突的可能性越大。

3. 沟通不良的因素

沟通不良是引起团队冲突的重要方面。团队成员之间彼此存在差异，如果能够顺利进行交流，相互理解，那么发生冲突的可能性就会大大减少。相反，如果沟通渠道不顺畅，沟通活动缺乏，冲突就会出现。

例如，某企业聘请了一位营销总监，而其下级营销员们私下对这位总监多有抱怨："陈总监和过去的总监不一样，总是变幻无常，很难沟通和交流。你知道上一任总监可不是这样！"而这种抱怨并没有被新来的陈总监所了解，这就会成为发生冲突的潜在因素，一旦暴露出来，冲突就有可能发生。

沟通不畅可能引起团队成员之间的冲突的问题经常表现在以下几个方面：信息的差异、评价指标（如任务完成标准）的差异、倾听技巧的缺乏、语言理解的困难、沟通过程中的噪声（即干扰）以及团队成员之间的误解等。

（二）认知和个性化阶段

冲突的认知是指当潜在的对立和不一致出现后，双方意识到冲突的出现。

也就是说，在这一阶段客观存在的对立或不一致将被冲突的主体意识到，产生相应的知觉，开始推测和辨别是否会有冲突以及是什么类型的冲突，意识到冲突并不代表着冲突已经个性化。对冲突的个性化处理将决定冲突的性质，因为此时个人的情感已经介入其中。双方面临冲突有时会有不同的心理反应，他们对于冲突性质的界定在很大程度上影响着解决的方法。例如，团队决定给某位成员加薪，这在其他成员看来，有人可能认为与自己无关，从而淡化问题，这时冲突不会发生；而另外一些人可能会认为对别人的加薪就意味着自己工资的下降，这样就会使得冲突发生甚至升级。

（三）行为意向阶段

这一阶段的特点体现在团队成员意识到冲突后，要根据冲突的定义和自己对冲突的认识与判别，开始酝酿和确定自己在冲突中的行为策略和各种可能的冲突处理方式。行为意向的可能性包括以下几个阶段。

1. 回避

回避是一种团队成员不相互合作处理冲突的消极行为意向。这种行为意向表现在对冲突采取的既不合作，也不维护自身利益，使其不了了之的做法上。此方法适用于解决起因于琐碎小事并无关宏旨的团队冲突。

2. 合作

合作是一种团队成员自我肯定并相互合作处理冲突的积极行为意向。这种行为意向旨在通过与对方一起寻求解决问题的方法，通过互惠互利的双赢谈判来解决冲突。此方法适用于解决成员之间共同利益较多和具有理解、沟通基础的团队冲突。

3. 妥协

妥协是一种团队成员的相互合作程度与自我肯定程度均处于中等水平的处理冲突的行

为意向。妥协可以看作半积极的行为意向。具有这种行为意向的双方都要放弃一些应得的利益，以求事物的继续发展，双方共同承担后果。妥协在一定程度上类似于合作。在团队为处理复杂问题而寻求一个暂时的解决方案时常常用到这种方法。

4. 竞争

竞争是一种团队成员自我肯定但不相互合作处理冲突的行为意向。这种行为意向旨在寻求自我利益的满足，而不考虑他人，它在团队中具有一定的对抗性。当团队需要在做出快速、重大的决策后采取重要的但不受欢迎的行动时往往用到这种方法。

5. 迁就

迁就是一种团队成员自我不肯定并相互合作处理冲突的行为意向。这种行为意向旨在维持整体的友好共存关系，冲突一方做出让步，甚至愿意自我牺牲，以服从他人的观点。此方法适用于将团队工作的重点放在营造和谐、平静气氛条件下的冲突的解决。

（四）冲突出现阶段

这一阶段的行为出现，体现在冲突双方进行的说明、活动和态度上，即一方采取行动来看另一方的反应。此时，冲突的行为往往带有刺激性和对立性，而且有时外显的行为会偏离原本的意图。

（五）冲突结果阶段

冲突对团队可能造成两种截然相反的结果，即积极的结果和消极的结果。

1. 积极的结果

导致积极的结果的冲突是建设性的冲突。这种冲突对实现团队目标是有帮助的，可以增强团队内部的凝聚力和团结性，提高决策质量，调动员工的积极性，提供问题公开解决的渠道等，尤其是激发改革与创新。一般来说，每个人都有一定的工作模式，只有当某人向我们的效率发出挑战，并在某种程度上发生冲突时，人们才会考虑新的工作方法，开始积极的改革和创新，这就是冲突的积极结果。

此外，研究表明，有益的冲突还有助于做出更好更有创新的决定，并提高团队的协作效率。如果团队的意见统一，绩效的提高程度有时反而较小。有时，建设性冲突还能决定一个公司的成败。

2. 消极的结果

导致消极的结果的冲突是破坏性的冲突。这种冲突会给团队带来一些消极的影响，如凝聚力降低、成员的努力偏离目标方向、组织资源的流向与预期相反、团队的资源被浪费等。更严重的是，如果不解决这种冲突，团队的功能将会彻底瘫痪，甚至威胁到团队的存亡。

三、团队冲突处理

团队冲突是团队发展过程中的一种普遍现象。有效解决团队中的冲突问题至关重要。当发生团队冲突时，首先要对冲突的性质进行全面细致的分析。在实践过程中，常常会遇到各种各样的冲突：有的已形成现实，有的还是潜在的；有的水平过低，有的过高；有的是建设性的，有的是破坏性的。所以必须分清各种各样的冲突，才能采取有效的技术，有针对性地解决问题。处理团队冲突包括消除破坏性的冲突和激发建设性的冲突两个方面。

团队冲突处理

（一）消除破坏性冲突的技术

消除破坏性冲突的技术有以下几种。

1. 问题解决

问题解决的技术又称“正视法”，即发生团队冲突的双方进行会晤，直面冲突的原因和实质，通过坦诚地讨论来确定并解决冲突。在讨论过程中要注意沟通策略，不能针对人，只能针对事，因为这种技术是以互相信任与真诚合作为基础和前提的。具体做法如下。

（1）召开面对面的会议。这是指把问题摆在桌面上，以正式沟通的方式，列出导致团队冲突的主要分歧所在，不争胜负，只允许讨论消除分歧和妥善处理冲突的方法及措施。

（2）角色互换。由于成员信息、认识、价值观等主观因素的不一致，常常会引发冲突。鉴于此，团队成员之间可以设身处地为对方着想，从而达到相互理解，并解决冲突问题。

2. 转移目标

转移目标的技术包括两个方面：一个是转移到外部，指双方可以寻找另一个共同的外部竞争者或一个能将冲突双方的注意力转向外部的目标，来降低团队内部的冲突；另一个是目标升级，指通过提出能使双方的利益更大的并且是高级的目标，来减少双方现实的利益冲突，这一更高的目标往往由上一级提出。

在团队中转移目标和目标升级的过程可以使冲突双方暂时忽略彼此的分歧，从而使冲突逐渐化解。同时，由于目标的变化，双方共同合作的机会增加了，这有利于双方重新审视自己工作中的问题，从而加强成员间的共识与合作。

但此法知易行难，因为在实际操作中，冲突双方必须相互信任，而且共同目标的制定也不能太过于理想化而脱离实际，这对于团队管理者来说是很困难的。

3. 开发资源

如果冲突的发生是由于团队资源的缺乏造成的，那么致力于资源的开发就可以产生双赢的效果；如果是由于缺乏人才，团队就可以通过外聘、内部培训来满足需要；如果是由于资金缺乏或费用紧张，则可以通过申请款项和贷款等方法来融通资金，以满足不同团队的需求，从而化解冲突。

4. 回避或抑制冲突

回避或抑制冲突是一种消极的解决冲突的技术，是一种试图将自己置身于冲突之外，或无视双方分歧的做法，以“难得糊涂”的心态来对待冲突。这种方法常适用于以下情形：在面临小事时；当认识到自己无法获益时；当付出的代价大于得到的报偿时；当其他人可以更有效地解决冲突时。当问题已经离题时，此方法可以避免冲突的扩大；当冲突主体相互依赖性很低时，还可以避免冲突或减少冲突的消极结果。

回避或抑制冲突的具体技术主要有：①忽略冲突并希望冲突消失；②控制言行来避免正面的冲突；③以缓和的程序和节奏来抑制冲突；④将问题束之高阁不予解决；⑤以组织的规则和政策作为解决冲突的原则。

5. 缓和

缓和法的思路是寻找共同的利益点，先解决次要的分歧点，搁置主要的分歧点，设法创造条件并拖延时间，使冲突降低其重要性和尖锐性，从而变得好解。具体的方法如下。

第一，降低分歧的程度，强调各方的共同利益和共同做法，使大事化小，小事化了。

第二，相互让步，各有得失，令各方都能接受，即中庸之道，需要双方都做出让步才能取得大家都能接受的结果。应当注意的是，这样缓和后的冲突很可能还会再起来。因此，要尽快实质性地解决问题。

6. 折中

折中实质上就是妥协，是团队冲突的双方进行一种“交易”。各自都放弃某些东西而共同分享利益，适度地满足自己的关心点和满足他人的关心点，通过一系列的谈判和让步避免陷入僵局，冲突双方没有明显的赢家和输家。

折中技术通常在以下场合运用：①当合作或竞争都未成功时；②由于时间有限而采取的权宜之计；③当对方权利与自己相当时；④为了使复杂的问题得到暂时的平息时；⑤目标很重要，但不值得与对方闹翻时。

运用折中方法时，要注意双方应当相互信任并保持灵活应变的态度，不能为了短期利益，牺牲了长远利益。

7. 上级命令

上级命令是指通过团队的上级管理层运用正式权威来解决冲突。这种使用权威命令的方法一般是不能从本质上解决问题的，只有在紧急情况下才有其特殊的作用。因此，不能滥用命令，发号施令，并要注意上级裁决的公正性。

8. 改变人的因素

运用行为改变技术（如敏感性训练等）来提高团队成员的人际交往技能，是有利于改变冲突双方的态度和行为的。此外，通过对冲突较多的部门之间的人员进行互换，也有利于工作的协调和冲突的缓解。

9. 改变组织结构因素

通过重新设置岗位、进行工作再设计及调动团队小组成员等方式，可以因改变正式的组织结构、变化工作目标而减缓冲突，也可以协调双方相互作用的机制，还可以消除冲突根源。

进行团队改组，重新设计团队现有的工作岗位和权责关系，以确保职责无空白、无重叠，即基于新的任务组建新的团队，将有利于彻底地解决冲突。

（二）激发建设性冲突的技术

缺乏建设性冲突而使公司蒙受损失是必然的。团队的创新和发展需要建设性的冲突。激发建设性冲突的技术有以下几种。

1. 运用沟通技术

沟通是缓解团队成员之间的压力及矛盾的最有利的方式，同样也是激发团队建设性冲突的技术。运用沟通技术主要分为以下两种情况。

（1）上级向下属团队提倡新观念，鼓励成员创新，明确冲突的合法地位。

（2）运用具有威胁性或模棱两可的信息促进人们积极的思维，改变对事物漠然处之的态度，提高冲突的水平。

2. 鼓励团队成员之间的适度竞争

鼓励竞争的方式包括开展生产竞赛、公告绩效记录、根据绩效提高报酬支付水平等。竞争能够提高团队成员的积极性。但是，必须注意对竞争加以严格控制，严防竞争过度和不公平竞争对团队造成的损害。

3. 引进新人

引进新人作为激励现有成员的作用机制，被人们称之为“鲶鱼效应”，其机理在于通过从外界招聘或内部调动的方式引进背景、价值观、态度或管理风格与当前团队成员不相同的个体，来激发团队的新思维、新做法，造成与旧观念的碰撞、互动，从而形成团队成员之间的良性冲突。此方法也是在鼓励竞争，而且，从外部进入的不同声音，还会让领导者“兼听则明”，做出正确的决策。

4. 重新构建团队

重新构建团队是指改变原有的团队关系和规章制度，变革团队和个人之间的相互依赖关系，重新组合成新的工作团队。这种做法能打破原有的平衡和利益关系格局，从而提高冲突水平。重新构建团队与前面的“改变组织结构”是相似的，不同的是，这里的“构建新团队”的技术是主动的，而前面的“改变组织结构”的技术是被动的。

自学自测

一、单选题

1. 下面例子中所采用的方法可以有效防止团队成员之间可能产生摩擦和冲突的是（　　）。

A. 小李的团队中互换了资源　　B. 小丁的团队制定了新的招聘制度

C. 小黄的团队中进行了人员调换　　D. 小许的团队中进行了有效的交流

2. 小李领导的小组如其他的组织一样，避免不了会发生一些冲突。那么，解决冲突的方式可以是（　　）。

A. 对抗　　B. 回避

C. 迁就　　D. 以上都是

3. 在处理员工不满情绪时，在（　　）的情况下，可以把团队的意见反馈给上级管理人员。

A. 事情刚刚发生　　B. 事情不能解决

C. 不满情绪无明显表现　　D. 事情已经解决

4. 团队之间会由于各种原因产生冲突，这些原因不包括（　　）。

A. 团队类型的不同　　B. 相互缺乏沟通

C. 对有限资源的竞争　　D. 目标、计划或任务的不协调

5. 因为每个人倾向的文化不同，所以在团队内部会发生文化和个性相冲突的情况，在这种情况下团队领导不应该（　　）。

A. 注重倾听　　B. 认为没有关系，允许个性存在

C. 确定团队有支持型的环境　　D. 强调文化

二、多选题

1. 团队冲突可以划分为（　　）。

   A. 角色冲突　　B. 人际冲突

   C. 团队冲突　　D. 工作冲突

   E. 时间冲突

2. 团队冲突的潜在因素包括（　　）。

   A. 个体间的差异因素　　B. 团队的结构因素

   C. 沟通不良的因素　　D. 性别因素

   E. 年龄因素

3. 美国学者庞地将冲突的过程分为（　　）。

   A. 潜在对立或不一致阶段　　B. 认知和个性化阶段

   C. 行为意向阶段　　D. 冲突出现阶段

   E. 冲突结果阶段

4. 消除破坏性冲突的方法和措施有（　　）。

   A. 回避　　B. 抑制

   C. 缓和　　D. 折中

   E. 上级命令

5. 激发建设性冲突的方法和措施有（　　）。

   A. 运用沟通技术　　B. 鼓励团队成员之间的适度竞争

   C. 引进新人　　D. 重新构建团队

   E. 回避

三、简答题

1. 结合实际说明冲突的表现有哪些。
2. 简述冲突的过程。
3. 举例分别说明消除破坏性冲突的方法和措施。
4. 激发建设性冲突有哪些策略?
5. 如何辨析功能正常与功能失常的冲突?

课中训练

实训一　团队讨论训练

科目1——抉择

训练目的　每个人对待某事物都有自己的观点，拥有接纳不同观点的能力。

动画：团队合作

材料道具

情境案例：你开着一辆车，在一个暴风雨的晚上经过一个车站。有三个人正在等公共汽车。一个是快要死的老人；另一个是医生，他曾救过你的命；还有一个是你的爱人。

老人快要死了，你应该先救他，然而，每个老人最后都只能把死作为他们的终点站；先让那个医生上车，因为他救过你，你认为这是个好机会报答他。同时有些人认为一样可以在将来某个时候去报答他；也可以让第三个人上车，因为你一旦错过了这个机会，你可能永远不能遇到一个让你这么心动的人。

但你的车只能坐一个人，你会如何选择哪一位呢？请解释一下你的理由。

训练时间　30～40分钟。

规则程序

（1）第一步，组内每个人陈述自己的抉择，把抉择写下来。

（2）第二步，组内成员共同讨论后，每个小组把抉择写下来。

（3）汇集各小组的抉择，各组分别解释理由。

问题讨论

（1）当别人的观点与自己的观点相左时，如何解决？

（2）在一个集体中如何与不同背景的人相处融洽？

（3）团队遇到分歧时如何处理？

团队角色

本科目训练中你在组内的角色，请在右侧4种角色中选择符合自己的打“√”	（1）意见领袖	（2）响应者	（3）反对者	（4）观望者

个人感悟

科目2——北极求生存

训练目的

（1）体验群体决策中的冲突。

（2）提升集体决策能力。

材料道具

背景资料：大约是1月中旬上午十点钟，你乘坐的飞机坠落在北极。飞行员和副飞行员都死了，其他人都活着。飞行员在飞机坠落前没有告诉任何人飞机所在的位置，只有一些人在出事前向外观看，根据地上的标记，估计偏离航线有105 公里。现在仅有以下物品供你们几个人使用：磁性罗盘（A）、桶装蜂蜜（B）、睡袋（C）、水净化药片（D）、降落伞（E）、13根火柴（F）、尼龙绳（G）、手电筒（H）、雪地靴（I）、甜酒（J）、化妆镜（K）、闹钟（L）、手用斧头（M）、飞机轮用内胎（N）、导航星图（O），在这样的环境下要如何生存下来？请你根据物品的重要顺序排列，最重要的写“1”，第二重要的写“2”，以此类推。

第　　组——小组讨论后排列

物品	个人顺序	小组顺序	专家顺序	专家排序与个人排序相减取绝对值
磁性罗盘（A）				
桶装蜂蜜（B）				
睡袋（C）				
水净化药片（D）				
降落伞（E）				
13根火柴（F）				
尼龙绳（G）				
手电筒（H）				
雪地靴（I）				
甜酒（J）				

续表

物品	个人顺序	小组顺序	专家顺序	专家排序与个人排序相减取绝对值
化妆镜（K）				
闹钟（L）				
手用斧头（M）				
飞机轮用内胎（N）				
导航星图（O）				
得分		—	—	

训练时间　30～40分钟。

规则程序

第1步：阅读材料，个人选择答案并填写完上交。

第2步：小组讨论并选择答案后填写上交。

第3步：讨论专家答案并计算得分。

第4步：课堂讨论。

问题讨论

（1）简述群体与个人决策的区别。

（2）团队的组合是简单数量的叠加吗？

（3）简述团队中不同角色的作用。

（4）简述团队不同决策方式的作用。

（5）简述沟通在团队决策中的作用。

团队角色

本科目训练中你在组内的角色，请在右侧4种角色中选择符合自己的打“√”	（1）意见领袖	（2）响应者	（3）反对者	（4）观望者

个人感悟

实训二　团队决策训练

科目1　海盗分金币

训练目的

（1）体验群体决策中的冲突。

（2）提升集体决策能力。

（3）掌握博弈论的基本要领。

材料道具

背景资料：一艘船上有5个海盗（A、B、C、D、E），他们抢到了100个金币，但是一直无法合理分配。于是，他们达成一致协议：由A先提出一个分配方案，其余的人投赞成或反对票，若同意人数大于或等于反对人数，就按A的提议方案分；否则，将A推向大海喂鲨鱼。再由B提出分配方案，其余的人投赞成或反对票，若同意人数大于或等于反对人数，就按B的提议方案分；否则，将B推向大海喂鲨鱼。如此进行下去……

假设：每个人都是理性的，每个人也都是绝顶聪明的。

问：如何分配这100个金币？（要求：站在A的角度考虑）

训练时间　30～40分钟。

规则程序

（1）各组讨论，写出组内分配方案。

（2）各组汇报分配方案，并说明理由。

（3）教官点评分配方案。

问题讨论

（1）如果你分别是海盗A、B、C、D、E，你会怎么提出分配方案？

（2）你们组内最后怎么达成一致意见的？

（3）联系社会生活，有哪些情况类似的博弈？

（4）怎样做到理性决策？

团队角色

本科目训练中你在组内的角色，请在右侧4种角色中选择符合自己的打“√”	（1）意见领袖	（2）响应者	（3）反对者	（4）观望者

个人感悟

科目2——模拟财务管理

训练目的

（1）体验群体决策中的冲突。

（2）提升集体决策能力。

（3）掌握组织资源有效分配的技巧。

材料道具 情境资料。

训练时间 30～40分钟。

规则程序

步骤1：假设你所在的团队是某公司财务部，公司拨了一笔款给你们部门自由支配。公司的负责人刚刚打电话给你们，说公司将拨款（建议选择一个巨大的数目，如300 000元人民币），让团队谨慎使用。

步骤2：给成员2分钟时间，让他们列出一张意向清单，同时在清单上写上每个项目大概的预算，例如，为了升级团队的电脑系统，可用这笔费用购置新的电脑、显示器、打印机、集体决策方面的软件以及支付咨询费等。

步骤3：让团队成员向整个团队公布他们最想要的东西，然后将这些信息写在挂图上。

步骤4：整个团队对每个人列出的东西进行讨论，并试着制定出一份大家一致同意的清单。

问题讨论

（1）如果团队确实需要一些东西，我们有哪些方法可以说服公司给我们一些必要的预算?

（2）你试图说服别人怎样用这笔预算？你的观点有说服力吗?

（3）团队在表达不同观点、平息冲突以及取得一致意见方面的准则是什么?

（4）经过小组讨论，你们中有多少人的观点和预算发生了极大的改变?

（5）虽然团队一起解决的问题和一起决策的效果通常要比个人所做的要好，但这样是否还有问题呢?

团队角色

本科目训练中你在组内的角色，请在右侧4种角色中选择符合自己的打“√”	（1）意见领袖	（2）响应者	（3）反对者	（4）观望者

个人感悟

实训三　团队冲突处理训练

科目1——木头的体积

训练目的

（1）训练团队中每位学生进行有效的群体决策。

（2）让学生体验到个体思维方式的差异如何影响团队的有效决策。

（3）让学生体会群体决策中的有效冲突和无效冲突。

动画：团队冲突

材料道具　每组12张写有相关信息的卡片；木头立体图，见附件1。

训练时间　30～40分钟。

规则程序

（1）教师将全体学生分为12人一组。

（2）宣布游戏任务：计算出木头的体积（木头的形状见图4-2）。

（3）分发给每组12张卡片，一人将拿到一张卡片。

（4）卡片上会有一些信息，小组的任务就是在30分钟内利用卡片上提供的信息，共同完成任务，计算出木头的体积。

问题讨论

（1）小组发生分歧怎么办？是如何解决问题的？

（2）在遇到困难的时候有没有放弃第二个答案的打算？

（3）持有不同卡片信息的人，在我们的组织当中会是怎样的一群人？

（4）群体决策有分工吗？

（5）观察员有没有去认真观察？

（6）游戏中有什么收获？最大的感受是什么？

团队角色

本科目训练中你在组内的角色，请在右侧4种角色中选择符合自己的打"√"	（1）意见领袖	（2）响应者	（3）反对者	（4）观望者

个人感悟

附件1：卡片信息

卡片1

（1）你知道以下信息：

木头的密度ρ=0.8克/厘米^3

木头浮在水面的高度是1厘米。

（2）看完这些信息之后，要记住你所掌握的信息并将卡片撕掉。

（3）和你们小组的人去讨论。

卡片2

（1）你知道以下信息：

计算体积的公式是$V=m/\rho$，木头的形状是不规则的。

（2）看完这些信息之后，要记住你所掌握的信息并将卡片撕掉。

（3）和你们小组的人去讨论。

卡片3

（1）你知道以下信息：

木头的质量是无法知道的。木头有9个面。

（2）看完这些信息之后，要记住你所掌握的信息并将卡片撕掉。

（3）和你们小组的人去讨论。

卡片4

（1）你知道以下信息：

木头有3个面是一个正方形，木头有10个面。

（2）看完这些信息之后，要记住你所掌握的信息并将卡片撕掉。

（3）和你们小组的人去讨论。

卡片5

（1）你知道以下信息：

木头的所有边的长度只有10厘米，木头有10个面。

（2）看完这些信息之后，要记住你所掌握的信息并将卡片撕掉。

（3）和你们小组的人去讨论。

卡片6

（1）你知道以下信息：

木头的边长一个是10厘米，一个是5厘米，木头在水下的高度是9厘米。

（2）看完这些信息之后，要记住你所掌握的信息并将卡片撕掉。

（3）和你们小组的人去讨论。

卡片7

（1）你知道以下信息：

木头有3个面是这样的（图4-1）。

（2）看完这些信息之后，要记住你所掌握的信息并将卡片撕掉。

（3）和你们小组的人去讨论。

图4-1　木头的面

卡片8

（1）你知道以下信息：

你们小组成员提供的信息不一定是有用的。木头不是圆的。

（2）看完这些信息之后，要记住你所掌握的信息并将卡片撕掉。

（3）和你们小组的人去讨论。

卡片9

（1）你知道以下信息：你不知道任何信息。

你是一个观察员，你的身份要保密，别人不可以知道你的身份，你要仔细地观察你的团队最大的障碍在哪里。

（2）看完这些信息之后，要记住你所掌握的信息并将卡片撕掉。

（3）和你们小组的人去讨论。

卡片10

（1）你知道以下信息：你是最重要的人。

虽然你不知道答案，但凭你的经验，你知道卡片4所有信息都是绝对正确的。

（2）看完这些信息之后，要记住你所掌握的信息并将卡片撕掉。

（3）和你们小组的人去讨论。

卡片11

（1）你知道以下信息：

计算木头的体积，也许一个小学生都会。

（2）看完这些信息之后，要记住你所掌握的信息并将卡片撕掉。

（3）和你们小组的人去讨论。

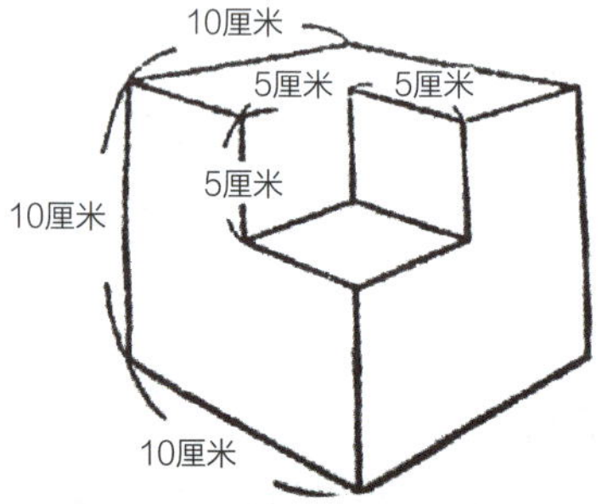

图4-2　木头的形状

卡片12

（1）你知道以下信息：

计算木头的体积，起码要一个中学生才可以算出来。

（2）看完这些信息之后，要记住你所掌握的信息并将卡片撕掉。

（3）和你们小组的人去讨论。

科目2——解决典型的团队问题

训练目的 学习解决典型的团队问题的方法。

材料道具

（1）准备三个需要讨论的小“案例”并复印若干份，见附件2。

（2）把所有的成员分为若干组，每组4～6人。

训练时间 30～40分钟。

动画：唐太宗的团队管理故事

规则程序

（1）向你的团队说明案例与团队成员的关系。

（2）解释活动的目的。

（3）把案例资料发下去，要求每一组选出一名发言人来陈述他们的意见，每个案例限时10分钟。

（4）在各组发言的过程中，鼓励大家参与讨论，要求大家对每个团队的发言做出反馈。如果你觉得哪个团队对相关案例中难度较大的问题的解决不到位，可以进一步追问。

（5）最后，让大家讨论：你从案例中学到了什么？

问题讨论

（1）案例中，哪些有助于一个团队解决所有的问题？

（2）你从中了解到作为一个有效的团队成员应当具备什么？

（3）这些情景与你所在的团队遇到的问题有什么不同？

（4）作为这一活动的结果，你会在你的团队准则清单上加上什么样的新行为标准？

团队角色

本科目训练中你在组内的角色，请在右侧4种角色中选择符合自己的打“√”	（1）意见领袖	（2）响应者	（3）反对者	（4）观望者

个人感悟

附件2：备选案例

案例一 在团队会议中偷走时间的人

你们的会议正在进行中。看起来许多时间都在无关紧要的讨论中浪费掉了。

1. 你需要立即做什么？
2. 你今后应当怎么做？

案例二 优先安排哪个问题

你是一个兼职的产品开发团队的成员，该团队致力于开发一种非常重要的产品。不过，你还承担着一些你所在的部门正在进行的一些相关工作。

哪些问题有助于你安排多方面工作的先后次序？

案例三 关键的跨职能团队问题

你注意到另外一名团队成员并没有与其他成员同心协力分担团队的任务。

1. 如果你是团队的领导，你会怎么做？
2. 如果你只是一名团队成员，你会怎么做？

思政园地

乡村振兴的典范团队
——重庆顺友稻米种植专业合作社

重庆顺友稻米种植专业合作社，成立于2009年，位于重庆市巴南区石滩镇，是一个以水稻、玉米种植、加工及销售为主要业务的农民专业合作社。在其法定代表人的带领下，该合作社已成为乡村振兴的典范，展现了卓越的团队管理和创新能力。

合作社自成立以来，始终秉持为“三农”服务的宗旨，致力于解决当地农民面临的种种挑战。他们通过实施“五代”模式（代耕、代种、代收、代加工、代销售），为农户提供了全方位的服务，极大地提高了农业生产效率，增加了农民收入。同时，合作社还积极推广先进的农业技术，组织技术培训，提高农户的种植技能和水平。

在团队管理上，重庆顺友稻米种植专业合作社注重团队协作和分工明确。合作社成员之间形成了紧密的合作关系，大家各司其职，共同为合作社的发展贡献力量。此外，合作社还注重人才的引进和培养，通过吸引和培养年轻人才，为合作社注入了新的活力和创新力。

除了传统的种植业务，合作社还积极拓展互联网销售渠道，通过电商平台销售农产品，拓宽了销售渠道，提高了农产品的知名度和美誉度。同时，合作社还积极探索农业与旅游的结合，发展观光农业，为游客提供了亲近自然、体验农事的机会。

重庆顺友稻米种植专业合作社的成功，离不开团队成员的共同努力和无私奉献。他们用自己的实际行动诠释了什么是真正的团队精神，也为我们树立了榜样。

课后实战

短视频运营团队实战

实战一　组建短视频团队

任务1　确定短视频角色

任务描述　短视频团队大致由演员、运营、编剧、导演、摄像、剪辑等多名人员组成，组员根据专长和兴趣进行分工、确定职责，完成表4-2。

表4-2　短视频运营团队角色分工

短视频团队角色	角色职责	分配组员名称
演员		
运营		
编剧		
导演		
摄像		
剪辑		
……		

任务2　调研短视频题材偏好

任务描述　团队成员分工调研不同人群的短视频题材偏好，可以按照不同分类方式调研。例如，按照年龄、性别、职业人群、婚姻状况、经济状况等分别调研，如表4-3所示是按照年龄分类调研的情况，其他类别设计同表4-3。

表4-3　不同年龄段短视频题材偏好

选择主题	60后	70后	80后	90后	00后
生活					
动漫					
传统					
创意					

续表

选择主题	60后	70后	80后	90后	00后
动物					
剧情					
政务					
影视					
摄影					
亲子					
旅行					
汽车					
时尚					
科技					
运动					
美食					
舞蹈					
音乐					

注：用李克特五点量表表示调研结果。“1”表示非常不喜欢；“2”表示不喜欢；“3”表示一般喜欢；“4”表示比较喜欢；“5”表示非常喜欢。

实战二　创建短视频账户

任务1　明确账号标签

任务描述 团队成员合作搜集各短视频平台，在同一个平台内，找到感兴趣的账号类型，并确定5个精准的对标账号，分析对标账号，确定团队账号标签，完成表4-4。

表4-4　确定团队账号标签

对标账号名称	内容板块

任务2　拆解对标账号的爆款短视频

任务描述　确定自己的对标账号后，在每个对标账号内找出3条爆款短视频，团队成员共同拆解对标账号的爆款短视频，完成表4-5。

表4-5　对标账号拆解爆款短视频

账号	选题特征 （真假测评/实验对比、原料产地/加工工厂、亲身试用/开箱展示、破除谣言/实用建议）	配乐	话题标签 （引起共鸣、引起好奇、引起思考、引起欲望、利益相关、探求未知、感官刺激、获取价值、强烈冲突）
对标账号1.1			
对标账号1.2			
对标账号1.3			
对标账号2.1			
对标账号2.2			
对标账号2.3			
对标账号3.1			
对标账号3.2			
对标账号3.3			
对标账号4.1			
对标账号4.2			
对标账号4.3			
对标账号5.1			
对标账号5.2			
对标账号5.3			

任务3 制作头图

任务描述 根据选定的短视频平台和账号，开始制作头图，头图的像素要求为：1125px × 633px，按要求完成表4-6。

表4-6 制作头图

名称	
头图寓意	
背景组成元素	
背景寓意	
其他元素	
整体风格寓意	

实战三 拍摄和制作短视频

任务1 短视频选题

任务描述 短视频选题有常规选题、暂时选题和系列选题三种类型，常规选题主要为了强化人设，暂时选题结合当下热点来增加流量，系列选题通过策划一系列相关选题来吸引关注，根据以上内容，确定短视频选题，完成表4-7。

表4-7 确定短视频选题

短视频选题类型	
选题目的	
选题策划	
对标账号类似视频拆解分析1	
对标账号类似视频拆解分析2	
对标账号类似视频拆解分析3	

任务2 制作短视频脚本

任务描述 根据选题，制作脚本，完成表4-8。

表4-8 制作短视频选题脚本

拍摄场景	人物序号	画面内容	景别	拍摄机位	人物动作	台词	时长	声音

任务3 拍摄短视频 记录拍摄过程

任务描述 拍摄短视频 记录拍摄过程，完成表4-9。

表4-9 拍摄短视频过程记录

拍摄短视频时间 拍摄短视频地点 拍摄短视频人员 拍摄短视频工具 拍摄短视频辅助道具 ……	

任务4 剪辑短视频

任务描述 选择合适的剪辑工具，剪辑制作短视频，完成表4-10。

表4-10 剪辑短视频过程记录

剪辑短视频时间 剪辑短视频工具 剪辑短视频时长 剪辑短视频遇到问题 剪辑短视频技巧总结 ……	

实战四　运营短视频

任务1　平台内容测试

任务描述　针对不同平台的推送机制，将同一个视频根据用户偏好特质剪辑成不同版本，同时将各个版本的视频投放到各个平台上（或者调整投放时间），观察并测试该账号的数据情况并分析比较，总结出各平台的推送偏好，针对自己重点关注的平台创作内容，完成表4-11。

表4-11　平台内容测试

版本	版本1	版本2	版本3
抖音			
快手			
视频号			
小红书			
微博			
哔哩哔哩			

任务2　数据看板

任务描述　比较同一账号上不同内容的数据，完成表4-12。

表4-12　记录短视频数据看板

视频内容	投放时间	观看量	点赞量	评论量	转发量	收藏量	涨粉量

任务3　持续优化

任务描述 将账号发布的内容做选题、封面等方面的梳理，找到优化数据的方向及依据，优化视频后再次发布，比较前后数据，反复打磨技能，完成表4-13。

表4-13　优化短视频记录

视频标题	选题	封面	音乐	特效	文字	发布时间	想法（如何体、问答式、引导式、投票式……）
视频1							
视频2							
视频3							
视频4							
视频5							

任务4　形成固定风格，在细分领域持续创作

任务描述 经过反复打磨后，确定账号的目标人群，并形成自己账号的风格，持续创作并优化内容，完成表4-14。

表4-14　短视频固定风格形成记录

项目	研究结果
目标人群	
账号定位	
人设定位	
品牌特性	
用户诉求	
差异化定位	
标志化口号	

技能测试

测试　团队冲突管理能力测试

以下是关于团队冲突管理能力测试的10道题目及其答案，旨在帮助你了解自己在处理团队冲突时的策略和能力。

1．当团队中出现重大分歧时，你通常会怎么做？

A．立即召集会议，进行表决

B．私下与关键成员沟通，了解各方立场

C．等待分歧自然解决

D．寻求外部专家或领导者的意见

2．团队成员因工作分配不均而争吵，你会如何处理？

A．重新分配工作，确保公平

B．告诉他们争吵是无用的，应该专注于工作

C．让团队成员自行解决，不直接介入

D．指出每个人的错误，进行批评

3．当团队成员提出与你不同的观点时，你通常如何回应？

A．立即否定，坚持自己的观点

B．认真倾听，并考虑其观点的合理性

C．保持沉默，不发表意见

D．嘲笑或贬低对方的观点

4．团队中有人经常迟到或工作不积极，你会如何处理？

A．私下与其沟通，了解其问题并提供帮助

B．在团队会议上公开批评

C．直接报告给上级领导处理

D．忽略此问题，不影响团队整体即可

5．在团队决策过程中，你如何处理不同意见？

A．强调多数人的意见，忽视少数人的看法

B．鼓励每个人充分表达，并寻求共识

C．快速做出决策，避免浪费时间

D．将问题留到下次会议再讨论

6．当团队面临紧急任务时，成员间出现争执，你会怎么做？

A．暂停争执，先完成任务

B．让争执继续，不影响任务进度

C．站在一方立场，帮助其压制另一方

D．寻求第三方调解，同时继续任务

7. 团队中有人提出创新想法，但遭到其他人反对，你会如何支持创新者？
   A．直接批评反对者
   B．鼓励创新者提供更多证据和理由
   C．忽视反对意见，支持创新者
   D．告诉创新者放弃这个想法
8. 团队成员因个人恩怨影响团队合作，你会如何处理？
   A．介入调解，化解恩怨
   B．让成员自己解决恩怨
   C．将他们分开，避免直接合作
   D．不予理会，只要不影响工作即可
9. 团队中有人经常提出不合理要求，你会如何应对？
   A．耐心解释并拒绝不合理要求
   B．尽量满足其要求以维持和谐
   C．向上级领导汇报，请求指示
   D．与其争执，坚持原则
10. 当团队中出现权力斗争或地位争夺时，你会采取什么措施来化解冲突？
   A．支持其中一方，打击另一方
   B．强调团队目标和合作的重要性
   C．回避问题，不直接介入
   D．引入外部评估或仲裁机构

参考答案

1. B　2. A　3. B　4. A　5. B　6. A　7. B　8. A　9. A　10. B

你的答案与参考答案核对，相同的答案的多少，在一定程度上反映你团队冲突管理能力的大小。

8～10个：你有很强的团队冲突管理能力。

6～7个：你有较强的团队冲突管理能力。

4～5个：你的团队冲突管理能力一般

3个以下：你的团队冲突管理能力很欠缺。

模块五

团队绩效评估

学习目标

知识目标

1. 理解团队绩效的定义、了解影响团队绩效的因素。
2. 掌握团队绩效评估的方法和评估体系。
3. 掌握绩效评估的原则、技巧。
4. 掌握跨部门团队绩效评估方法。
5. 掌握团队奖励绩效的合理分配。

能力目标

1. 能够构建科学合理的团队绩效评估体系。
2. 能够科学合理地实施团队绩效测评。
3. 能够根据团队绩效测评结果对团队整体和团队成员进行激励。

素质目标

1. 树立公平公正的团队绩效考核意识。
2. 强化绩效沟通与反馈机制意识。
3. 树立团队成员的个人成长和团队的整体发展共赢意识。

思维导图

模块五 团队绩效评估

- 课前自学
  - 一、团队绩效概述
  - 二、团队绩效评估实施
  - 三、奖励绩效
- 课中训练
  - 实训一　团队绩效认知训练
  - 实训二　团队绩效评估训练
- 课后实战
  - 直播营销团队实战
    - 实战一　组建直播营销团队
    - 实战二　直播前期准备
    - 实战三　实施直播
    - 实战四　直播复盘及优化

课前自学

绩效评估是对团队成员在一个既定时期内对团队的贡献做出评价的过程。绩效评估强调对团队成员的考评，不仅在于对团队成员在德、才、绩、效等方面的总体评价上，更主要的是在一个行业、单位或企业中建立了一种标准，这种标准可以用数字或语言进行表述，并值得每一位团队成员效法和遵循。绩效评估既是一种规矩，也是一种激励和考验。可以说，绩效评估不仅关系到团队成员的前途和命运，也更关系到团队的生存和发展。

团队绩效概述

一、团队绩效概述

（一）团队绩效定义

（1）广义的定义。团队绩效指团队实现预定目标的实际结果，主要包括三个方面：团队生产的产量（数量、质量、速度、顾客满意度等）；团队对其成员的影响（结果）；提高团队工作能力，以便将来更有效地工作。

（2）常用的定义。团队绩效主要包括三个方面：团队对组织既定目标的达成情况；团队成员的满意度；团队成员继续协作的能力。

（二）影响团队绩效的因素

（1）团队结构。团队结构包括团队规模、团队成员异质性、团队成员间的熟悉度等方面。对于团队结构与团队绩效的关系，目前还没有取得一致意见。异质性是个性、性别、态度、背景或经验因素的混合物。

（2）团队成员的心理因素和性格特征。团队成员的团队功效感越高，其团队绩效也越高。

（3）团队的激励。激励理论认为，组织成员之间的合作由于受目标不一致和信息不对称等因素的影响，经常被部分成员的机会主义行为所破坏，而建立适当的激励机制不仅能减轻这种行为，还能够提高团队绩效。

（4）其他因素。团队的目标、团队的领导、团队的氛围、团队的外部环境和组织特征等也会影响团队绩效。

（三）团队绩效评估的方法

各国的绩效评估方法虽然有一些地域、民族因素添加在里面，但大同小异，下面以美国企业的绩效评估方法为例，作简要介绍。

（1）目标管理法。目标管理法使得员工获得向专业目标奋斗的动力和明确努力的方向，它还有助于员工和主管研讨员工需要哪些方面的开发和培训。

美国人力资源专家一般认为目标管理的核心，就是员工和管理者共同建立未来的业绩目标。假如这些目标是双方赞同、可以客观地衡量并且能够达到，那么员工会因为亲身参与制定了这些目标而更有动力。

同时，由于目标管理使得员工的进步可以衡量，所以，员工可以根据定期收到的反馈来调整自己的行为。因此，在美国，目标管理成为一种绩效考核的重要方法。

（2）自我评估法。在实际企业运转中，美国企业发现，如果由别人来评估，员工通常表现出一种自卫性的防止行为，使得评估的进度和结果受到影响；而当员工考评自己时，这种防止的行为将较少发生。自我评估的另一个优点是，它能帮助员工树立将来的个人目标。通常，自我评估和各种方法联用。员工亲自参与并借以完成自身改善，是美国绩效考评制度中的与众不同之处，此评估方法尤其适用于考评目标是促进员工的进一步发展的情况。

（3）心理测试法。美国的一些公司经常雇用一些心理学家，他们的作用主要是考评员工个人将来的潜能，其考评方法一般有深层次交谈、心理预测、同上级讨论和总览其他考评等。心理学家由此推断一个人的智力、情感、动机和其他与工作相关的个性特征，预测此人将来的表现。

（4）考评中心法。考评中心法常应用在那些具有潜质的管理人员身上。考评过程主要是对员工采用深层次谈话、心理测试、同级者考评、无领导的群体讨论、心理学家和管理人员的考评、模拟工作实习等方法来考评其潜能。但这种方法，费时费力又费钱。

（四）团队绩效评估体系

作为管理者应采用公司正在实施的评价体系，如果最好能综合各种评价体系，因为每种方法都不是纯粹的单一形式，具体表现有以下几种绩效评估体系。

1. 侧重品性的评价体系

侧重品性的评价体系是根据每个员工的品性来评定其业绩。这种体系表面看起来简单，容易被管理者掌握，但它存在着自身的问题。

第一，趋于平均。如果没有认真评价每个人的品性，很容易把它评定为一般或者接近一般。

第二，光环效应。如果对某人的某项品性有很好的印象，那么就会给这人所有的品性打高分，反过来也一样。

第三，个人偏见。每个人都难免会对其他人产生个人偏见，这些偏见会对任何形式的评定产生影响，对于品性体系来说则影响尤为巨大。

第四，最近的表现。员工们在近几个月的所作所为是容易记住的。但领导者往往容易忘记在年初时他们究竟表现如何。最好的办法是对他们的表现做全年记录。

2. 侧重结果的评价体系

侧重结果的评价体系适用于结果可以确定的任何情况，这种方法不仅适用于可用数量表示的情况，也适用于一些难以测定的情况，例如，管理工作中取得的特殊成绩，个人的成就就是合作的成果等。

在侧重结果的评价体系中，评定人员可以不依赖于对抽象品质的评定而是关注员工们应达到的预期目标及他们实际达到的目标。这个目标，在某一阶段的开始被确定下来，在结束时对它进行测评，然后再对确定的目标进行新的测评。

3. 侧重参与的评价体系

为了使侧重结果的评价体系更加有效，应该实行领导和员工共同参与评定工作的方法。

如果仅凭领导者的个人意见评定员工业绩，那么这种评价体系所产生的积极作用是非常有限的。让员工共同参与评价能让员工知道如何去提高他们的业绩，而不会使他们感到不快。这种方法会使正式评定工作更富有成效。

（五）团队绩效评估结构

明确团队绩效评估的结构，就能保证对评估的各个方面都考虑到，也让员工更容易领会到应得到什么效果，明白如何去准备。具体来说，团队绩效评估的结构包括以下几个方面。

1. 评估上次以来的工作状况

这部分确保各次评估之前的连贯性。检查确认上次定的下一步计划是否有用，可以用来判断该员工是否完成了这项计划。如果没有，那么员工可以从自己的角度去找出原因。只有这样，领导者才能及时做出必要的调整。

2. 对成绩的肯定

一般来说，员工都想感到自己在进步，以此来提高积极性，并保持成绩。为此，领导者首先要肯定员工做出的成绩，举出实例，让员工知道领导者了解他们做出的贡献。

3. 分析现存问题

当员工与领导者讨论现在或将来需要关注的问题时，要确保员工说出他们关注的方面、他们的愿望，并帮助他们搞清楚自己能为之做些什么。

4. 下一步的计划

员工要明确地知道他们下一步的计划是什么。领导者可以提出建议，但是要由员工自己来做决定。

团队绩效评估实施

二、团队绩效评估实施

（一）绩效评估的原则

评估员工的工作，是一项复杂的工作，需要综合各种情况。大体上说，可以遵循以下几个原则。

1. 客观公正

只要评价是基于事实的，而不是个人的主观意见，员工通常都会接受。而且，评价标准要相对稳定，不能毫无理由地经常变更，这样就会失去权威性，员工对评价的结果也不会认同。

2. 不流于形式

作为团队领导者不能做“老好人”，认为大家的工作都很努力，大家的工作都很辛苦，抹杀了每个员工工作的区别，评估的结果是大家都好，如果有奖金的话，也是平均分。这种评估不仅起不到应有的作用，而且还有副作用。干好干坏一个样，从而损伤员工的积极性。

因此，要把评估员工的工作视为一种制度，严格认真地按评价标准进行，使每个员工都对自己的工作有所了解，同时也要了解别人的工作，同事间形成互相学习、互相竞争的局面，从而促使工作向前发展。

3. 评估应和奖惩制度挂钩

评估的目的在于促进工作，调动员工工作的积极性。因而评估要和奖金等奖惩制度挂钩，优者奖，劣者罚，这样才能起到评估的激励作用。

通过评估，上司应让下属知道领导者对他们的工作期望是什么，他们的工作应该达到什么样的程度。领导应当激发他们工作的热情、使他们了解自己努力的方向，同时，员工也可以感受到领导对自己工作的承认和重视。

4. 及时反馈评估信息

作为领导者，对下属员工提供的信息及时反馈是十分必要的。如果信息反馈及时，无论是肯定的还是否定的，都会让下属认为这是爱护和鞭策。然而对领导者来说，给予正确的信息反馈，并不是一件容易的事。为此，需要从以下三个方面入手。

（1）及时反馈。无论是正面的还是负面的，只有反馈才是有效的。及时的反馈要比年终总结或半年总结时才反馈要好得多。一个原因在于如果人们及时听到反馈意见，就可以及时避免错误，或避免错误的继续发展，同时也可及时吸取经验教训，再者，多数人都不喜欢在正式场合听到一大堆的批评意见。

（2）具有针对性。为了帮助员工做得更好，需要明确指出哪些行为、态度和技能需要提高。

有针对性的反馈比那些泛泛之谈可取。如“你的报告没有达到水平，还欠火候”，听起来就很不明确。如果说：“我给你举个实例你就知道你在哪些地方没有上个季度做得好。”

（3）听员工解释。在告诉了对员工的反馈意见后，要询问他们自己的想法，以便能明确地判断他们的行为举止。要问他们本人对这个季度的工作表现有何看法，工作表现较好的人可能会说：“我的业绩上升了，那要部分地归功于我们这个部门本季度整体的出色工作。和优秀的员工在一起工作也会帮助我成为一个不错的员工。”而工作表现下降的人可能会说：“是的，这个季度我在这个部门的工作表现的确不太好，但我对公司的整体贡献却比上个季度大了许多。我同时被安排到另外两个项目兼职，所以花在这个部门的精力自然就少了。”

得到员工关于自身成败实情的解释，将有助于领导者全面了解情况。所以，要给员工解释的机会，并允许其将话讲完。

（二）绩效评估的技巧

1. 就事论事

当做完绩效评估后，为员工工作提供反馈时，应遵循的一条原则就是要针对工作进行批评，不要对人的品质进行评论。

2. “三明治”式的评估

“三明治”式的评估指的是评价下属的工作时，可以选择三步走的做法：先肯定下属的工作成绩，然后再具体地指出其在工作中的不足，最后提出对他的期望，这就好比“三明治”一样，将批评夹在好评与期望之间，令下属更易于接受。

3. 平庸者不要奖励

在团队中，总会有一些工作平庸的人，工作负担不重，但是他们总是帮上别人的忙；虽然他们从来没有什么新的思想，但至少给他们的任务还能完成，他们从来不表示异议，也不要求用不同的方式行事。如果经常奖励这类人，其实是在否定评估标准。所以，在做绩效评估时，无论何时都不要奖励平庸者。因为一旦否定了员工的主动精神和上进心，再要他们做到这一点就是非常困难的了。

4. 避免“心理移情”，不要让个人感情影响评估的公正性

在我们与人的交往中，经常会无缘无故地对一个人心生好感，也可能对一个不认识的人厌恶至极。对于喜欢的人，愿意与其长久交谈，而且看其处处是优点，而对不喜欢的人却看其什么都是缺点。这就是我们所说的“心理移情”作用。一些管理者也往往不能免于此，对自己喜欢的员工时常赞赏有加，而对自己不喜欢的员工则往往吹毛求疵。作为一名优秀的管理者在给员工做绩效评估时千万要避免这种情况。

因此，在对某些事情或个体员工进行评估之前应具备真实可靠的资料，全面回顾过去一段时间的工作情况，并且明确自己的态度，保持警惕，不让个人感情影响评估的公正性。

5. 不要一叶障目，要全面评估

一般来说，业绩出色的成员往往容易受到领导者的偏向，而对于那些有过失记录的成员来说，他们在领导者心中多少会留下一些不良的印象。但事实上，也许这些过失成员比那些暂时出色的成员更具有发展潜力。

因此，作为一名领导者，消除心中的成见，以公正的态度对待每位员工所犯的错误。坐下来与他们恳谈，帮助他们分析错误的原因，找到症状，恢复他们的自信心。只要他们走出消极的误区，一样能为团队创造佳绩，更何况成员个人成败是团队荣辱的组成部分，领导者的任务是不断地磨合这个集体，增加集体凝聚力。

6. 坦率评估

作为领导者，不要因为团队成员犯一两次错误而抹杀他们一贯的表现，也不要图省事随便给下属过高的评价，给他们一份发展计划，告诉他们下次将评估他们的哪些方面。

团队成员习惯把自己表现不好的地方归于客观原因。如工作条件、工具、各种不合理的限制等。而领导者们则习惯归于主观原因。如不负责任、不够努力等。如果双方不能就原因达成一致意见，团队成员就会不接受上司的评价。

因此，作为一名管理者，应当坦率地表明，这次评估和加薪晋级没有什么关系，评估目的是进一步提高团队的绩效，这样可以顺利开展交谈或评估。

7. 360度反馈评价

360度反馈体系认为，绩效会随情境而变化，员工的表现也会随对象的不同而不同。从不同的对象那里得到绩效的反馈，就可以大大提高绩效评估的可信度，因此，360度反馈评价是从多个来源，如上级、同事、下属、团队成员、客户和供应商等，对团队成员的表现进行更准确的、多角度的评估。

（三）跨部门团队绩效评估

团队向开放性、灵活化和虚拟型发展，团队不仅仅限于某种单独的功能，团队与团队

之间的协作加强，吸收不同功能部门的人员加入某种专业团队的情况越来越多，使得传统的评估制度已经无法满足新型团队的要求。因此，跨部门团队绩效评估要做到以下三点。

（1）以人为中心进行考核。打破部门考核的标准，建立以人为中心的跨部门评估体系，无论员工在哪个部门都可以进行追踪评估。

（2）注意与人力资源部门的合作。对于绩效评估，项目经理要参与全过程，首先，要与人力资源部门一起确定评估标准、设计评估系统，评分标准的准确性与公平性对评估的成员影响很大。如果出现严重偏差，可直接导致员工辞职和损害团队目标的实现。其次，要注意操作过程的正确性。最后，及时恰当地把绩效评估结果反馈给员工，帮助员工分析其优缺点以及存在问题的原因，帮助员工改进工作绩效。

（3）做好标准化工作。跨部门团队绩效评估时，涉及很多部门和人员，要做到对每个人一视同仁、客观公正，必须做好标准化工作。具体包括：考评目标标准化、考评程序标准化、组织标准化、方法和手段标准化。

（四）实施团队绩效评估

在对团队绩效进行评估时，实现团队目标是最重要的一个指标。因此，实现团队目标的途径也理所当然是最重要的。实施团队绩效测评应从以下四个方面做起。

1. 运用恰当的绩效评估指标

团队在计划实现目标的过程中，可以设定一系列具体的绩效评估指标。团队绩效评估指标可分成同等重要的效益指标和过程指标。

（1）效益指标。效益指标主要有：团队目标的完成情况；顾客满意度；工作完成的质量；完成工作所需的知识和技能。

（2）过程指标。过程指标主要有：对团队发展过程的支持度和团队的贡献度；参与水平和领导水平；团队协作情况；矛盾的处理情况；计划和目标的设定情况；员工参与度和双赢的决策法；解决问题和分析能力的应用情况；美誉度和信任度；团队是否始终在坚持使用全体一致通过法；人际关系的建立及维持情况；愿意改变并敢于冒险的精神；个人及团队的学习情况。

2. 选择考核方法

这些方法包括以下内容。

（1）以与你们公司或团队规模、实力相当的公司或团队作为横向比较的对象。

（2）把团队的进展情况与其最初所制定的目标和日程安排进行对照。

（3）邀请团队以外的顾问来对你们的团队进行评价。

（4）提倡定期召开一些非正式的讨论会来评价团队的运作情况。

（5）通过项目汇报的会议形式来评价哪些方面做得好，哪些方面做得不好，并解释清楚这种学习方式会为将来的项目带来什么好处。

3. 回顾团队成员的个人绩效

团队中的每个独立个体事实上都同时扮演着许多不同的角色。因此在回顾他们的个人绩效时，最好把下面的方法整合起来，用以评估他们不同的角色所带来的绩效。

（1）同事的评价。团队成员之间相互评价彼此的贡献。

（2）顾客的评价。内部和外部的顾客对团队和团队成员的绩效进行评价。

（3）自我评价。团队中的每个成员都要对自己的绩效进行评价。

（4）团队领导者的评价。作为团队的领导者或是监督者，要对每个成员的绩效进行评价。

（5）管理层的评价。部门经理或者是团队的领导者的上级领导要对团队和团队成员的绩效进行评价。

4. 对你的团队进行嘉奖

评估会使团队的优点继续发扬光大，同时还可以帮助员工认识到还有哪些方面有待于进一步提高。如果能把团队绩效评估与合适的、有创造性的激励机制完美地结合在一起，就会大大鼓舞团队的士气。这样一来，不但会使团队工作进展顺利，而且还会有利于帮助团队实现其最终的发展目标。

三、奖励绩效

制订团队激励薪酬计划，要将针对团队整体进行绩效测评放在第一位，以团队整体绩效的考察为主，兼顾团队成员的个人贡献，并体现对团队与对个人两次激励薪酬的合理分配。

1. 针对团队整体进行绩效测评

团队激励薪酬计划的制订必须首先建立在对团队整体进行绩效测评的基础上，团队成员通过共同努力取得团队绩效，组织根据一定的绩效测评标准对团队所取得的绩效进行合理测评，按其绩效支付团队整体薪酬，组织对团队的奖励反过来又在强化团队绩效水平的提高；团队根据恰当的分配标准再把组织对团队的激励薪酬在团队成员之间进行二次分配，使成员个人的满意度提高，从而又进一步促使团队成员为实现新的团队目标而共同努力。

2. 兼顾团队成员的个人贡献

团队激励薪酬计划实际上是把组织赋予团队的目标与成员个人的目标恰当地结合起来，首先关注的是团队整体的绩效，其次才是团队中各成员的不同的个人贡献。如果团队的整体绩效不能通过团队成员的共同努力得到有效的提高，团队目标没有实现，那么即使团队某个成员的个人贡献再大，也不能得到奖励。通过团队激励薪酬计划的有效实施，把团队与企业、团队成员与成员之间的利益关系理顺，能够使团队成员更紧密地团结在一起，与团队“荣辱与共”，从而达到成员个人与企业双赢的效果。

3. 体现对团队和对个人的二次激励薪酬分配

团队激励薪酬计划实施的关键在于其中的二次激励薪酬的分配过程，即组织根据对团队绩效的测评结果而实行的对团队的薪酬奖励，以及团队根据内部的绩效测评结果而将团队薪酬在团队内部进行的二次分配。这两个环节中的任何一个处理不好，都会影响团队激励计划的效果，进而影响到整个组织目标的实现。团队激励薪酬计划运行机制如图5-1所示。

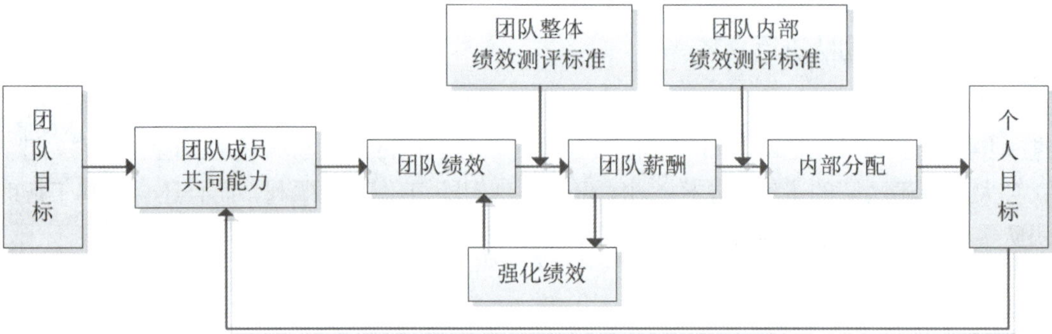

图5-1　团队激励薪酬计划运行机制

自学自测

一、单选题

1. 绩效低于预期属于企业团队的良性构建的（　　）。

A. 组建适应期　　B. 冲突调适期

C. 认同协作期　　D. 成熟收获期

2. 绩效考核本质上是一种过程管理，而不是仅仅对结果的考核。它是将中长期的目标分解成年度、季度、月度指标，不断督促员工实现、完成的过程，有效的绩效考核能帮助企业（　　）。

A. 达成目标　　B. 挖掘问题

C. 分配利益　　D. 促进成长

3. 一般而言，（　　）较为客观。

A. 上级考评　　B. 同级考评

C. 下级考评　　D. 自我考评

4. (　　)是将考评期内员工的实际表现与绩效计划的目标进行对比，寻找绩效工作的差距和不足的方法。

A. 水平比较法　　B. 横向比较法
C. 纵向比较法　　D. 目标比较法

5. 以下关于行为主导型的绩效考评的说法错误的是(　　)。

A. 操作性较强　　B. 适合对管理性工作岗位的考评
C. 重在工作过程　　D. 适合生产性、操作性工作的考评

二、多选题

1. 影响团队绩效的因素包括(　　)。

A. 团队结构　　B. 团队成员的心理因素
C. 团队成员的性格特征　　D. 团队的激励
E. 其他因素如团队的目标等

2. 团队绩效评估的方法包括(　　)。

A. 目标管理法　　B. 自我评估法
C. 心理测试法　　D. 考评中心法
E. 德尔菲法

3. 团队绩效评估的结构包括以下几个方面(　　)。

A. 评估上次以来的工作状况　　B. 对成绩的肯定
C. 分析现存问题　　D. 下一步的计划
E. 团队氛围

4. 绩效评估的原则包括(　　)。

A. 客观公正　　B. 不流于形式
C. 评估应和奖惩制度挂钩　　D. 及时反馈评估信息
E. 高效原则

5. 跨部门团队绩效评估时，必须做好标准化工作，具体包括(　　)。

A. 考评目标标准化　　B. 考评程序标准化
C. 组织标准化　　D. 方法标准化
E. 手段标准化

三、简答题

1. 如何设计团队绩效测评体系?
2. 简述团队绩效测评流程。
3. 如何根据团队绩效测评结果对团队及其成员进行激励?
4. 理论结合实际，谈谈你所设计的团队绩效测评流程。
5. 举例说明团队绩效评估的方法有哪些。

课中训练

实训一　团队绩效认知训练

科目1——奖金竞争

训练目的

（1）运用竞争和奖励机制来激励学生在学习过程中积极参与。

（2）这是一种有趣的对整个小组进行测试的方法。

动画：团队协作

材料道具　事先准备好的列表及白板。

训练时间　15～20分钟。

规则程序

（1）选择一组学生已经学习过的项目（如新产品的特性或一台机器的组成部分等）进行测试。

（2）将这些项目掺杂一些错误项目并列写在两块白板上。

（3）让两个小组各选出一名组员。他们的任务是分别在两块白板上寻找正确的项目并在其后打"√"（白板背对学生）。

（4）其他组员则在自己的纸上做同样的工作。

（5）一段时间后停止。

（6）将白板同时转向所有组员，要求组员指出白板上的错误答案。

（7）每正确指出一个错误答案，组员可得到1元奖励。

（8）白板上错误最少的小组获胜，每位组员可得到10元的奖励。

（9）同样的测试可以穿插于整个教学活动中，多次进行。

（10）为了增进学生间的友情，可以让"获胜者"用奖金请"失败者"吃冷饮。

问题讨论

（1）你对自己辨认正误的测试结果是否满意？

（2）你认为本组胜利或失败的原因在哪里？

（3）如果你代表本组在白板上做题，你认为你所在的小组是否会胜出？为什么？你的感受如何？

团队角色

本科目训练中你在组内的角色，请在右侧4种角色中选择符合自己的打“√”	（1）意见领袖	（2）响应者	（3）反对者	（4）观望者

个人感悟

科目2——打击团队之“魔鬼”

训练目的

（1）帮助找出不利于团队发展的诸多不利因素，及时发现影响团队进步的负面情绪。

（2）打击团队中有妨碍团队协作的心理和行为表现的“魔鬼”，从而避免学生误入陷阱。

（3）激励所有参与者。

材料道具 “魔鬼”面具，“魔鬼”信函（见附件3）。

训练时间 30分钟。

规则程序

（1）选择N位成员扮演“魔鬼”（根据学生人数确定），并戴上“魔鬼”面具，在面具里藏一封或几封教师准备好的关于团队的“魔鬼”信函。

（2）“魔鬼”在成员中出没（来回走动），其他成员尽量抓住其中一位“魔鬼”，使全体成员分成N组。

（3）小组成员摘下“魔鬼”面具，取出“魔鬼”信函。

（4）各小组成员分别将“魔鬼”信函所示情境分析解剖。

（5）小组成员说明“魔鬼”信函的内容，并共同将团队中非理性想法改成团队中的理性想法。

（6）各小组将“魔鬼”信函解析与转换，与全体学生分享。

问题讨论

（1）学生是否了解什么是团队中非理性的想法及其影响？

（2）这个游戏给你什么样的感受？

（3）团队成员常有的非理性想法有哪些？

（4）理性想法隐含的公式是什么？

团队角色

本科目训练中你在组内的角色，请在右侧4种角色中选择符合自己的打“√”	（1）意见领袖	（2）响应者	（3）反对者	（4）观望者

个人感悟

附件3：“魔鬼”信函及其解析与转换

例一 “魔鬼”信函1

我希望我的人际关系很好，我很想得到别人的喜爱，我应该得到每个人的喜爱和赞美。但昨天总经理说我的桌子太乱，我觉得一切都白费了，我根本就不受重视，他一定不喜欢我。

解析

A．昨天，总经理说我桌子太乱。

B．我应该得到每个人的喜爱和赞美。

C．我不受到重视，我觉得领导对我好失望（自卑的）且努力都白费了（没有信心）。

转换

A．我喜欢得到每个人的喜爱和赞美。

B．我能有时得到别人的喜爱和赞美，当……（以事实为基础）。

C．有时我无法得到别人的喜爱和赞美（防止情绪困扰产生）。

例二 “魔鬼”信函2

我是一个主管。我必须很能干、很完美，并且在各个方面都有很好的成就。可是上一次开会的时候，我太累了，做结论时，我讲错了一句话，他们在底下嘲笑我。哎！身为主管竟然犯下这样的错误，真是太丢脸、太失身份了。讲话都讲不好的人，一定不会得到尊重，我真没用。

解析

A．上次，做结论时我说错了一句话。

B．我必须很能干、很完美、永远不犯错误。

C．太丢脸了，太失身份了，我觉得很懊恼。

转换

A．我希望我能表现得很好，做个称职的主管（合理的公式）。

B．若是时间充裕、准备周详、精神饱满、信心十足，我可能表现得令自己满意。

C．一次行为不能代表我整个人（以事实为基础）。不一定每个人都在嘲笑我（防止情绪困扰）

魔鬼信函解析与转换的重点及顺序如下。

（1）情境事件是什么？

（2）对此事件的想法是什么？

（3）有哪些非理性的想法？

（4）所引起的情绪结果是什么？

（5）理性的想法是什么？

实训二　团队绩效评估训练

科目1——公司氛围

训练目的

（1）提高创造性解决问题的能力。

（2）培养团队合作精神。

（3）引导对于团队合作环境的思索。

动画：团队绩效

材料道具　纸、笔。

训练时间　30分钟。

规则程序

（1）将学生分成5人一组。给每个小组一些纸和笔，建议每个小组的人围成一圈坐在桌子旁。

（2）让他们分别列举出10个最不受人欢迎和最受人欢迎的氛围，如放任、愤世嫉俗、独裁、平等、轻松等。

（3）将每个小组的答案公布于众，然后让他们解释选择这些答案的原因。

（4）大家讨论一下，什么样的公司氛围最适合公司的发展。

（5）总结出大家公认的良好公司氛围。

问题讨论

（1）什么是理想的公司氛围？

（2）你的答案反映了你什么样的价值观？

（3）你与团队的意见是否相同？如果有相左的地方，你们是如何解决的？

（4）你和队员彼此应该怎样进行交流？

团队角色

本科目训练中你在组内的角色，请在右侧4种角色中选择符合自己的打"√"	（1）意见领袖	（2）响应者	（3）反对者	（4）观望者

个人感悟

科目2——集体薪酬制度

训练目的

概述：这是一个教导学生运用目标激励行动的游戏。

（1）员工激励。

（2）工作方法的改进。

材料道具 集体报酬制度表。

报酬制度	目标标准	回报	结果
一对一	一个人实现某个既定目标	只有一个人得到报酬	人们不想帮助别人争夺资源，只有部分人表现较好
多对多	小组一起努力，实现既定的目标	每个人都得到报酬	人们互相帮助，共享资源，有些人偷懒
一对多	个人实现某个既定的目标	每个人都得到报酬	人们互相帮助，共享资源，每个人都表现出较高的水平

训练时间 30分钟。

规则程序

（1）提示参与者，集体报酬可以有很多的方法，说明3种报酬制度。可以分发它的复印件，也可以用幻灯片演示。

（2）前两种制度是很常见的。"一对一"是典型的佣金制度里用的方式，"多对多"是团队销售方式里常见的，"一对多"不太常见，但与其他两种相比，它也有自身的优点。

在回顾了这些回报计划之后，让大家分成小组：

①找出和评论他们当前工作中采用的报酬制度；

②讨论这些制度中可能的改进方案。从其中的一些小组或者所有的小组中找出代表，总结这些小组的发现。分组讨论怎样运用不同的报酬制度来提高团队绩效。

问题讨论

（1）当前工作中采用的集体报酬制度是什么？

（2）对不同的人采取不同的集体报酬制度是不是会更好？

（3）你应该怎样改进你当前工作中的集体报酬制度？

团队角色

本科目训练中你在组内的角色，请在右侧4种角色中选择符合自己的打“√”	（1）意见领袖	（2）响应者	（3）反对者	（4）观望者

个人感悟

思政园地

绿色奇迹的缔造者
——河北塞罕坝林场建设者

在河北省承德市北部，有一片广袤无垠的林海，这是河北塞罕坝林场，也是三代林场建设者用青春和汗水浇灌的绿色奇迹。他们的事迹，是对团队精神和无私奉献精神的最好诠释。

20世纪50年代时，塞罕坝还是一片荒漠，风沙肆虐，生态环境极其恶劣。然而，从1962年开始，一群来自全国各地的建设者，肩负着“为首都阻沙源、为京津涵水源”的神圣使命，来到了这片荒原。他们面对的是极端恶劣的自然环境和艰苦的生活条件，但他们没有退缩，而是选择了坚守和奋斗。

在团队管理中，塞罕坝林场建设者展现出了极高的凝聚力和执行力。他们分工明确，却又紧密协作，共同面对各种困难和挑战。从最初的造林失败，到后来的造林成活率达到90%以上，他们一步步克服了技术难题，创造了人类治沙史上的奇迹。

在团队建设上，塞罕坝林场建设者注重培养团队成员的责任感和使命感。他们深知，只有每个人都把造林事业当作自己的使命和责任，才能共同完成这项艰巨的任务。因此，他们通过组织各种培训和活动，提高团队成员的专业素养和综合素质，同时也增强了团队的凝聚力和向心力。

塞罕坝林场建设者的成功，不仅在于他们创造了绿色奇迹，更在于他们用行动诠释了什么是真正的团队精神。他们的事迹告诉我们，只有团结一心、共同奋斗，才能战胜困难、创造辉煌。我们应该学习塞罕坝林场建设者的团队精神，注重团队协作和沟通，培养团队成员的责任感和使命感，共同为实现国家的绿色发展贡献自己的力量。

课后实战

直播营销团队实战

实战一　组建直播营销团队

任务1　直播团队成立

任务描述　小组成员组建直播团队，商定团队使命、团队理念、设计团队CIS，填写表5-1。

表5-1　组建直播团队

研究项目	研究结果
团队名称	
团队使命	
团队理念	
团队CIS	

任务2　选择直播平台

任务描述　组员合作分析每个平台特征，团队成员共同决策选定直播平台，完成表5-2。

表5-2　选择直播平台

直播平台名称	平台特征
直播平台定位结果	

任务3　直播团队分工

任务描述　直播团队大致由主播、助理、场控、策划、运营等多名人员组成，组员根据特点进行分工，确定职责，完成表5-3。

表5-3　直播团队分工

直播团队角色	角色职责	分配组员
主播		
助理		
场控		
策划		
运营		

实战二　直播前期准备

任务1　确定直播商品

任务描述　以团队为单位，每个团队根据教师提供的商品选择一种商品策划直播活动，完成表5-4。

表5-4 确定直播商品

研究项目	研究结果
直播团队名称	
直播商品名称	
直播商品特征	
直播商品单品规格	
直播商品价格	
直播商品物流	

任务2 设计直播间

任务描述 根据选定商品，预测直播间的粉丝特征，设计直播间的风格、需要的配置、整体布置、灯光要求等，完成表5-5。

表5-5 设计直播间

研究项目	研究结果
直播间名称	
直播间粉丝特征	
直播间风格设计	
直播间需要配置	
直播间整体布置	
直播间灯光要求	

任务3 直播活动预热设计

任务描述 团队成员共同商量，设计直播预热活动，完成表5-6。

表5-6　设计直播预热活动

任务步骤	具体内容	结果展示
设计预热方案	设计以下两种预热方案： 1. 直播账号简介文案预热 2. 站外文案直播宣传预热	
选择预热方式	描述以下预热方案内容： 1. 纯直播预告 2. 抛“诱饵” 3. 在视频中植入直播预告 4. 拍直播片段视频	
实施预热方案	选择以下一种或多种预热方式，并说明原因： 1. 付费预热 2. 开启同城定位 3. 定期直播 4. 设计美观的直播封面和有吸引力的标题 5. 分享直播二维码	

实战三　实施直播

任务1　设计直播脚本

任务描述　根据直播选定的商品，团队成员分工合作完成直播脚本，完成表5-7。

表5-7　设计直播脚本

直播间名称	具体内容
直播产品种类	
活动主题	
安排各个产品的出场顺序	
强调产品的品质或价格	
设计每个产品播出的内容及时长	
强调店铺价值观，引起粉丝共鸣	
……	

任务2　直播间暖场活动策划

任务描述 策划直播间的暖场活动，完成表5-8。

表5-8　策划直播间的暖场活动

具体内容	结果展示
“种草”期活动策划	
预热期	
“爆发”期	
活动亮点	

任务3　设计直播间营销话术

任务描述 请选择一款产品，运用四步销售法设计直播间营销话术，并描述话术的设计思路，完成表5-9。

表5-9　设计直播间营销话术

任务步骤	具体内容	结果展示
1. 提出问题	粉丝的需求点	
2. 重视问题	重视粉丝容易忽略的问题	
3. 引入产品	1. 解决粉丝问题，把好的结果愿景展现给粉丝 2. 提供附加服务	
4. 降低门槛	介绍直播间的产品优惠力度，激发直播间粉丝的购买欲望，促进成交	

实战四　直播复盘及优化

任务1　直播后数据指标分析

任务描述 结合本团队的直播并进行直播复盘，并描述该直播存在的问题，完成表5-10。

表5-10　直播后数据指标分析

指标名称	具体内容	结果展示
流量指标	1. 在线人数 2. 在线人数峰谷变化特点	
人气指标	1. 互动数量 2. 直播间互动拆解	
转化指标	成交单量时段差异分析	

任务2　直播优化设计

任务描述 结合本团队的直播进行直播复盘，然后提出相应的优化策略，完成表5-11。

表5-11　直播优化设计

指标名称	具体内容	结果展示
流量指标	1. 直播玩法 2. 主播讲解引导力、感染力、亲和力和颜值 3. 商品的类目匹配、性价比 4. 直播间的布景	
人气指标	1. 主播的直播能力 2. 商品的吸引力 3. 直播时长 4. 回复粉丝的反馈	
转化指标	1. 粉丝需求分布 2. 视频标签喜好 3. 直播间选品策略	

技能测试

测试　正确评价下属工作

问题：请根据你的实际情况，在表5-12中选择最符合自己特征的描述。

表5-12 你能正确评价下属的工作吗？

问题	选择答案
1. 你认为展开测评的主要目的是什么？	A. 激励员工努力工作，更上一层楼
	B. 促使员工反思自己以往的表现
	C. 暴露员工的缺点与不足
2. 你怎样安排与下属的述职谈话？	A. 先指出缺点再肯定优点
	B. 开始和结束时都谈优点，中间穿插缺点
	C. 首先肯定优点，然后再指出不足
3. 你认为对员工的测评应该以什么为基础？	A. 严格以实际成果为准
	B. 以他的知识水平、工作能力和工作态度为主，短期效益为辅
	C. 综合考虑他的能力与实际效益
4. 你为下属写鉴定时最重要的借鉴资料是什么？	A. 他的实际表现
	B. 他的出勤记录与费用水平
	C. 以他自己的总结和鉴定为主
5. 你认为员工的测评工作应何时进行？	A. 在其表现下降时
	B. 在本人提出要求时
	C. 定期进行，每年一次
6. 在测评工作结束之际，你是否：	A. 让员工阅读鉴定并写下他本人的意见
	B. 不让员工阅读鉴定，但征求他本人的意见
	C. 既不让员工阅读鉴定，也不征求他本人的意见
7. 你在指出下属不足之后，是否：	A. 为他指出克服缺点的方法
	B. 警告他这些不足之处将会对他今后加薪与升职产生影响
	C. 与他共同探讨今后努力的方向
8. 如果员工在谈话时情绪激动，你是否：	A. 耐心听他发表意见，暂不打断
	B. 谴责他不能控制自己的情绪
	C. 尽快结束谈话，让他恢复平静
9. 如果某位下属的表现开始明显下降，与以往相比较差距甚大，你是否：	A. 悄悄记下他的过失，以便下次总结鉴定时提出来
	B. 与他开诚布公地交换意见，找出其退步的原因，共同制定改进方案
	C. 熟视无睹，期望他会自觉醒悟
10. 你在什么场合宣布有关提薪的事宜？	A. 在述职谈话时
	B. 在关于工资的特别谈话中
	C. 写信通知

每道题的选项对应分值如表5-13所示。

表5-13 选项对应分值

题号	选择A	选择B	选择C
1	10	5	0
2	5	0	10
3	5	0	10
4	10	0	5
5	0	5	10
6	10	5	0
7	5	0	10
8	10	0	5
9	5	10	0
10	0	10	5

结果分析

80～100分：你深知总结鉴定的策略与方法，能够真正地衡量下属的成绩与不足，让人心悦诚服。

50～75分：你真诚求实，只要注意些方式方法，便能成为一流的鉴定测评员。建议你参加一个现代管理培训班，更新、补充管理技巧。

20～45分：你有许多不足，必须立即改进，以免再犯错误，最好是征求一下有经验的老同事或人事部门的意见，你需要从基础测评技巧学起。

0～15分：可能不会有人喜欢在你的手下做事。

模块六

团队创新重生

学习目标

知识目标

1. 理解创新的内涵、了解创新的特征。
2. 掌握创新的内容、过程。
3. 理解创新思维的内涵、特征、形成过程。
4. 掌握突破创新思维障碍的方法。
5. 掌握创新思维训练方式和创新方式。

能力目标

1. 能够创新地管理团队。
2. 能够突破创新思维障碍。

素质目标

1. 树立创新的意识。
2. 要有探索精神，勇于探索未知领域。
3. 培养创新思维，把创新想法转化为实际行动。

思维导图

- 模块六 团队创新重生
  - 课前自学
    - 一、创新的内涵
    - 二、创新的特征
    - 三、创新的内容
    - 四、创新的过程
    - 五、创新思维
    - 六、创新方法
  - 课中训练
    - 实训一　创新思维训练
    - 实训二　团队创新训练
  - 课后实战
    - 商务谈判团队实战
      - 实战一　商务谈判准备
      - 实战二　商务谈判磋商
      - 实战三　商务谈判签约

课前自学

一、创新的内涵

创新是人脑的一种与生俱来的机能和属性，是以新思维、新发明和新描述为特征的一种概念化过程。创新起源于拉丁语，它原意有三层：第一，更新；第二，创造新的东西；第三，改变。创新是人类特有的认识能力和实践能力，是人类主观能动性的高级表现形式，是推动民族进步和社会发展的不竭动力。

创新概述

最早提出“创新”概念和建立系统“创新理论”的是奥地利经济学家熊彼特，熊彼特在其著作中提出：创新是把一种新的生产要素和生产条件的“新结合”引入生产体系。它包括五种情况：①引入一种新产品；②引入一种新的生产方法；③开辟一个新的市场；④获得原材料或半成品的一种新的供应来源；⑤采用新的组织形式。

二、创新的特征

1. 不确定性

任何创新都有不确定性，创新的实现与扩散过程，也就是创新的不确定性逐步消除的过程。不确定性使创新成为一个团队或一个组织进行的最无法预测和最难以捉摸的活动。

2. 风险性

创新的风险性表现为创新所带来的效果具有建设性与破坏性。所谓建设性，是指创新使得企业能够提高现有能力、技能的价值和可用性，推动企业发展。所谓破坏性，即创新则起着相反的作用，创新可能耗尽资源，面临巨大失败的风险。

3. 压力性

创新的压力性来源于创新的不确定性和风险性，任何创新都需要勇气和决心。创新压力除了本能驱使的压力，还有情感和心理的压力。

4. 知识性

创新意味着解决以前不存在的问题，可能意味着提供新的产品、服务，形成新的技术、制度和管理方式，甚至意味着开发新的资源。而这些活动都需要创新者在创新领域掌握丰富的知识，要求创新者在创新活动中既运用直觉，又运用分析能力。

三、创新的内容

1. 产品创新

产品创新是直观的结果性创新，有了产品创新，才有了丰富多彩的物质世界。产品创新，依靠设计的创新、技术工艺的创新、营销的创新、管理的创新、机制的创新，又源于消费的创新、市场的创新，它不仅是经济社会发展的反映，也是经济社会发展的动力。

2. 技术创新

技术创新是基本的动力性创新，有了技术创新，才有了高度发达的现代文明。

3. 管理创新

管理创新是行为效益的手段性创新，有了管理创新，才有了各种组织及各种事业不断前进的技术保障。

4. 组织创新

组织创新是微观结构的体制性创新，有了组织创新，才有了各种组织在竞争中可持续发展的自身目标。组织创新，实际上也是管理创新的一个方面。

5. 制度创新

制度是一个社会运行的“规矩”，制度创新是宏观环境的运作性创新，有了制度创新，才有了社会蓬勃发展的创新动力。

6. 知识创新

作为对现有信息的制造和改造，知识创新是基本的起点性创新，有了知识创新，才有了一系列其他创新的延伸和出现。

7. 思想创新

思想创新是人的知识、智力的输出性创新，有了思想创新，才会有不竭的创新成果。

8. 理论创新

理论是知识、学说、思想的系统化结构。理论创新是对原有理论的否定、突破、变异，是在寻找新的观点、学说和新的体系。

四、创新的过程

1. 准备期

人们在从事创新活动之前，要进行充分的准备，即要有一个相当长的准备期，人们在这一时期，搜集必要的知识、资料，研究前人在此方面的经验教训，准备和筹集从事创新所需的人力、物力条件等。

2. 酝酿期

这一时期，会有大量新的思想产生，但是这些新思想有的可能是谬误，有可能难于形成创造性产物，有的在解决问题方面实际价值又不大。因此，人们往往要经过相当长的酝酿时期。人们可能在这时期付出相当大的劳动，但是仍然百思不得其解，处于停滞状态。

3. 豁朗期

在经过长期、充分酝酿后，人们就某一难题重新进行思考，或者暂时把它放下在进行别的活动受到某种启示时（有的人甚至在梦中形成新的念头）。创新性思想就会突然出现，使人的头脑豁然开朗，一举攻破百思不解的难题。豁朗期的到来，也可以说是一种科学意义的灵感和直觉作用的结果。

4. 验证期

关键问题在豁朗期的解决，使得创新性思想产生，创造性产物初步形成。然而此后还需要“乘胜追击”，将创造性产物加以展开、挖掘、加工扬弃、发展提高，进而形成完整的创新成果。

五、创新思维

（一）创新思维的定义

创新思维与创新方法

创新思维是人类思维的高级过程，指的是人类在探索未知领域过程中，能够打破常规，积极向上，寻求获得具有社会价值的新成果的新颖而独特的思维活动。

（二）创新思维的特征

1. 思维方向的求异性

思维方向的求异性，作为个体思维特质的一种重要表现，指的是在思考问题和解决问题时，倾向于偏离常规思维路径，寻求新颖、独特甚至非传统的思路和方法。这种求异性不仅体现在对问题的理解和分析上，还贯穿于整个问题解决过程中，是推动创新思维和创造性问题解决的关键因素。

2. 思维结构的灵活性

思维结构的灵活性强调个体在思维过程中的适应性和调整性。它使个体能够在变化的环境中依然保持高效的思维和行动，不断寻求新的解决方案，以适应新的情况或问题。这种灵活性不仅体现在对新信息的快速吸收和处理上，还体现在对已有知识的灵活运用和重新组合上。

3. 思维进程的突发性

思维进程的突发性意味着思维活动在某一不确定的时刻突然中断，而所需的思维结果却突然降临，表现为一种非预期、非逻辑性的质变。这种突发性不是偶然的，而是在长期思考、积累和实践的基础上，由某种外界或内在因素的刺激所引发的。

4. 思维效果的整体性

思维效果的整体性指的是在思维活动中，各个思维环节、思维要素以及思维结果之间形成的紧密联系和有机统一。它要求人们在思考问题时，不仅要关注问题的局部和细节，更要从整体上把握问题的本质和规律，实现思维活动的全面性和系统性。

5. 思维表达的新颖性

思维表达的新颖性强调在思维成果的呈现上，能够突破常规思维的束缚，以新颖、独特的方式表达思想、观点或解决方案。它要求个体在思考问题时，能够跳出传统框架，以全新的视角和方式去审视和解决问题，从而创造出独特的思维成果。

（三）创新思维与一般思维的区别

1. 思维形式的反常性

思维形式的反常性指的是在思维过程中，个体能够突破传统思维模式和常规思维路径，采用新颖、独特、非逻辑或超逻辑的方式来思考和解决问题。这种反常性不仅体现在思维内容的创新上，还贯穿于思维过程、方法和技巧等多个方面。

2. 思维过程的辩证性

思维过程的辩证性指的是在思维活动中，各种思维形式（如抽象思维、形象思维、逻辑思维、非逻辑思维等）和思维方式（如发散思维、收敛思维、求同思维、求异思维等）相互交织、相互作用，形成矛盾运动，从而推动思维活动的不断发展和创新。这种辩证性体现了思维过程的复杂性和多样性，也是创新思维区别于一般思维的重要特征。

3. 思维空间的开放性

思维空间的开放性指的是在思维过程中，个体能够跨越传统思维框架和限制，以更加开放、包容和多元的视角去审视和解决问题。这种开放性不仅体现在思维内容的广泛性和多样性上，还贯穿于思维过程、方法和技巧等多个方面。

4. 思维成果的独创性

思维成果的独创性指的是在思维过程中，个体能够创造出新颖、独特、前所未有或超越常规的思想、观点、理论、方法或解决方案。这种独创性不仅体现在思维成果的原创性上，还表现在其独特性和价值性上。

5. 思维主体的能动性

思维主体的能动性指的是思维主体（即个体或集体）在思维活动中表现出的主动性、积极性和创造性。它体现了思维主体在认知、理解和解决问题过程中的自主性和能动性，个体或集体可以通过培养自主意识、激发内在动力和拓宽思维视野等途径，不断提升自己的能动性思维能力，为各个领域的发展和创新做出更大的贡献。

（四）创新思维形成过程

1. 准备阶段

创新思维是从发现问题、提出问题开始的。“问题意识”是创新思维的关键，提出问题后必须为着手解决问题做充分的准备。这种准备包括必要的事实和资料的收集，必需的知识和经验的储备，技术和设备的筹集，以及其他条件的提供等。

2. 酝酿阶段

酝酿阶段要对前一阶段所获得的各种资料和事实进行消化吸收，从而明确问题的关键所在，并提出解决问题的各种假设和方案。此时，有些问题虽然经过反复思考、酝酿，仍未获得完美的解决，思维常常出现“中断”、想不下去的现象。这些问题仍会不时地出现在人们的头脑中，甚至转化为潜意识，这样就为第三阶段（顿悟阶段）打下了基础。

3. 顿悟阶段

顿悟阶段也叫作豁朗阶段。经过酝酿阶段对问题的长期思考，创新观念可能突然出现，思考者大有豁然开朗的感觉，类似“山重水复疑无路，柳暗花明又一村”。这一心理现象就是灵感或灵感思维。灵感的来临，往往是突然的、不期而至的。

4. 验证阶段

灵感所获得的构想必须经过检验。思路豁然贯通以后，所得到的解决问题的构想和方案还必须在理论上和实践上进行反复论证和试验，验证其可行性。经验证后，有时方案得到确认，有时方案得到改进，有时方案甚至完全被否定，再回到酝酿期。总之，灵感所获得的构想必须经过检验。

（五）突破创新思维障碍

1. 克服思维定式

所谓思维定式，就是根据已有的知识、经验，在头脑中形成的一种固定的思维模式，也就是思维习惯。遇到问题，会自然地沿着固有的思维模式进行思考。思维定式的表现形式如下。

（1）书本思维惯性。在思考问题时不顾实际情况，不加思考地盲目运用书本知识，一切从书本出发、以书本为纲的教条主义思维模式。

（2）经验思维惯性。通过长时间的实践活动所取得和积累的经验是值得重视和借鉴的。但是，经验只是人们在实践活动中取得的感性认识，并未充分反映出事物发展的本质和规律。人们受经验思维惯性的束缚，就会墨守成规，失去创新能力。

（3）权威思维惯性。相信权威观点是绝对正确的，在遇到问题时不加思考地以权威的是非为是非，一旦发现与权威相违背的观点，就认为是错的，这就是权威思维惯性。事实上，权威的观点也会受到人类对自然规律认识的局限性的影响，也是会犯错误的。

（4）从众思维惯性。从众思维惯性是指人不加思索地盲从众人的认知与行为。

2. 扩展思维视角

（1）肯定—否定—存疑。“肯定—否定—存疑”是一个常见的逻辑推理或决策过程，涉及对某个观点、事实或假设的不同态度或立场。

①肯定。

定义：对某事物或观点持明确的支持和认同态度。

特点：通常有充分的证据或理由支持这一立场，对事物的认知是清晰和确定的。

示例：我肯定明天会下雨，因为气象预报显示有强降雨。

②否定。

定义：对某事物或观点持明确的反对和不认同态度。

特点：通常也有充分的证据或理由来反驳或否定某一立场，对事物的认知同样是清晰和确定的。

示例：我否定这种说法，因为没有任何科学证据支持这一观点。

③存疑。

定义：对某事物或观点持中立或不确定的态度，既不完全肯定也不完全否定。

特点：可能是因为缺乏足够的信息或证据，或者因为事物本身存在复杂性和不确定性。

示例：我对这个问题存疑，因为目前的信息不足以做出明确的判断。

在逻辑思考和决策过程中，这三种态度都有其价值和意义。肯定的态度有助于我们坚定信念和行动；否定的态度可以帮助我们避免错误和误导；而存疑的态度则体现了谨慎和理性的思考方式，避免盲目或草率的判断。在处理复杂问题时，通常需要综合考虑各种因素，灵活运用这三种态度，以做出最合适的决策。

（2）自我—他人—群体。“自我—他人—群体”是一个涉及个体与集体关系的递进层次结构。

①自我。

定义：个体的内在世界，包括个人的思想、情感、价值观、目标等。

特点：自我是个体存在的核心，是个体意识、行为和决策的基础。

意义：了解和发展自我是实现个人成长和满足自身需求的关键。

②他人。

定义：除自己以外的其他个体，即个体与个体之间的关系。

特点：在与他人的交往中，我们学习、交流、合作，同时也可能产生冲突和竞争。

意义：理解和尊重他人是建立良好人际关系、实现社会和谐的基础。

③群体。

定义：由多个个体组成的集合，具有共同的目标、规范和价值观。

特点：群体中的个体通过相互协作和共同努力，实现群体的共同目标。

意义：群体是社会组织的基本单位，对于实现社会功能、推动社会进步具有重要意义。

从“自我”到“他人”再到“群体”，体现了个体从关注自身到关注他人，再到关注整个集体的递进过程。在个人的成长和发展过程中，需要不断地在自我与他人、个体与群体之间寻找平衡，以实现个人和社会的共同进步。同时，这种递进关系也强调了个体在社会中的责任和担当，即个体在追求自身发展的同时，也要关注他人的需求和群体的利益。

（3）无序—有序—可行。“无序—有序—可行”描述了一个从混乱到组织再到可执行的递进过程，这种过程在多个领域都有应用，包括项目管理、决策制定、组织管理等。

①无序。

定义：状态混乱、缺乏条理或组织的情况。

特点：在无序状态下，信息、资源或任务可能分散、混乱，难以有效管理或利用。

示例：一个未经整理的文件夹，里面充满了混乱的文件和资料，无法快速找到所需信息。

②有序。

定义：条理清晰、组织有序的状态。

特点：在有序状态下，信息、资源或任务被归类、整理，方便查找和使用。

示例：将文件夹中的文件按照类型或日期进行整理，建立清晰的目录结构，使得查找资料变得简单高效。

③可行。

定义：方案、计划或行动具有实际可行性，能够顺利实施并取得预期效果。

特点：可行的方案或计划通常基于充分的资源、合理的安排和有效的执行策略。

示例：在项目管理中，制订一个详细的执行计划，包括人员分工、时间节点和资源分配，确保项目能够按时、按质完成。

从无序到有序再到可行，是一个逐步递进的过程。首先，我们需要从混乱的状态中整理出条理和秩序；然后，基于有序的状态，制定出可行的方案或计划；最后，通过有效的执行，实现预期的目标。这个过程强调了条理、组织和执行的重要性，有助于我们在各种情境中提高效率、减少浪费，并最终实现目标。

3. 超越自我

突破障碍就是突破自我，进一步说就是超越自我，超越自我才是创新。所谓“超越”，实际上也是一种思维方式。这种思维方式，就是站在时代的制高点，超越时空的限制，根据对客观规律的正确认识，对事物的发展趋势进行正确的判断，从而做出科学的决策。

（六）创新思维的基础

1. 逻辑思维

逻辑思维即抽象思维，它撇开事物的具体形象而抽取其共同的本质，因而具有抽象性的特征。逻辑思维只研究事物间的共性，而不研究事物间的差异，是一种求同性思维，是一种用概念、判断、推理来反映现实的思维过程。

2. 形象思维

形象思维又称直觉思维，是一种借助于具体形象来展开思维的过程，它反映事物间的差异性，而忽视了事物间的共性，是一种求异性思维。

3. 逆向思维

所谓逆向思维，是指突破常规考虑问题的固定思维模式，采用与一般思考习惯相反的思考、分析的思维方式。通俗地讲，就是倒过来想问题。

4. 侧向思维

侧向思维与逆向思维一样，都是相对常规思维而言的。它们的区别在于：逆向思维在许多场合表现为与他人的思维方向相反，但轨迹一致；而侧向思维不仅在方向上不同，而且在轨迹上也有所不同，偏重于另辟蹊径。

5. 求异思维

求异思维的关键在于，人不受任何框架、任何模式的约束，能够突破、跳出传统观念和思维习惯的禁锢，从新的角度认识问题，以新的思路、新的方法创造出人类前所未有的、更好、更美的东西。

6. 类比思维

类比思维是一种或然性极大的逻辑思维方式，它的创造性表现在：在发明创造活动中，人们能够通过类比已有事物，开启创造未知事物的发明思路，其中隐含着触类旁通的含义。它把已有的事和物与一些表面看来与之毫不相干的事和物联系起来，寻找创新的目标和解决的方法。

7. 综合思维

在日常生活中经常会遇到这样的情况：由两个或更多的人拉一辆车或划一条船，尽管各人用力的方向各不相同，但车或船往往能朝着一个正确的方向——即合力的方向前进。在创新活动中，同样可以把几个不同的主意合起来，或者相互补充取其长处重新组合起来，去解决同一个难题或完成同一件作品，这就是综合思维，又称集中思维。

8. 发散思维

通常人们考虑问题，由起点（提出问题）到终点（解决问题）总喜欢按一条思路进行，行不通就暂停。这时，也许从多个不同角度去考虑，就会很容易解决问题。这种围绕一个问题，突破常规思维的束缚，沿不同方向去思考、探索，寻求解决问题的各种可能性，由一点到多点的思维形式就称为发散思维，又称扩散思维、多向思维、辐射思维。扩散的范围越广，产生的设想就越多，解决问题的可能性就越大。面对一个新方法、新技术、新规律、新产品、新现象，一个训练有素的发明者会考虑能否有其他更多的用途，从而制作更多类型的作品，设计新的装置，开创新的技术种类、新的系列化产品、新的应用领域。

9. 联想思维

联想是指从一种事物想到另一种事物的心理活动。联想可以是概念与概念之间的联想，也可以是方法与方法之间的联想，还可以是形象与形象之间的联想。由下雨想到潮湿，由烟雾想到白云，看到狮子想到猫等，都是联想。

六、创新方法

1. 缺点列举法

所谓缺点列举法，就是通过对已有的、熟悉的事物进行深入分析，在对其缺点一一列举的基础上，找出相应的解决方案，从而完成创新的方法。

2. 奥斯本检核表法

检核表法又称设想提问法或分项检查法，是由美国创造学家奥斯本发明的。此法根据需要解决的问题或者进行创造发明的对象列出有关问题，逐个对它们进行分析，从中获得解决问题的方法和创造发明的设想。由于检核表法是先提出问题，再逐个进行分析、检验的做法，所以它不仅利于照顾到思考问题的全面性，而且有利于新思想的产生。因此，检核表法是一种能够大量开发创造性设想的创新技法。检核表法几乎适用于任何类型与场合的创造活动，因此被称为“创新技法之母”，如表6-1所示。

表6-1　奥斯本检核表

序号	检核项目	新设想名称	新设想概述
1	有无其他用途		
2	能否借用		
3	能否改变		
4	能否扩大		
5	能否缩小		
6	能否代用		
7	能否调整		
8	能否颠倒		
9	能否组合		

3. 组合法

所谓组合法，就是将两种或两种以上的事物或理论，取其部分或全部进行有机的组合、变革、重组，从而诞生新的产品、新思路，或形成独一无二的新技术。

【拓展案例】

◎ 牙膏+中药=药物牙膏

◎ 电话+视频采集+视频接收=可视电话

◎ 毛毯+电热丝=电热毯

◎ 台秤+微型电脑=电子秤

◎ 照相机+模/数转换器+存储器=数码相机

◎ 自行车+蓄电池+电机=电动自行车

◎ 机械技术+电子技术=数控机床

4. 移植法

所谓移植法，就是指将某个领域中已有的原理、技术、方法、结构、功能等，移植应用到其他领域，导致新设想诞生的方法。

5. 头脑风暴法

头脑风暴法是快速大量寻求解决问题构想的集体思考方法。

头脑风暴法基本原理：

（1）只专心提出构想而不加以评价；

（2）不局限思考的空间，鼓励天马行空，想出越多主意越好。

6. 菲利浦斯66法

菲利浦斯66法，也叫小组讨论法，该方法以头脑风暴法为基础，采用分组的方式，限定时间，即每6人一组，围绕主题限定只能进行6分钟的讨论。该方法是由美国密歇根州希斯迪尔大学校长J.D.菲利浦斯发明的，因此命名为菲利浦斯66法。

自学自测

一、单选题

1. 创新的概念最早是由奥地利经济学家（　　）提出的。他在1912年出版的《经济发展理论》一书中第一次阐述了创新的定义。

   A. 泰勒　　B. 法约尔

   C. 熊彼特　　D. 西蒙

2. 下列选项中，不属于创新活动的是（　　）。

   A. 设备的更新改造　　B. 产品的开发

   C. 质量的检验　　D. 工艺的改进

3. 现代管理者素质的核心能力是（　　）。

   A. 创新能力　　B. 计划能力

   C. 协调能力　　D. 指挥能力

4. 改变人们对某种事物错误的、过时的、不利于实践的既定看法和思维模式，换一个新的角度，得出一个新的结论或新的观点，从而采取新的态度和方法进行管理实践的活动是（　　）。

   A. 自主创新　　B. 观念创新

   C. 制度创新　　D. 市场创新

5. 对成功创新需要经历的几个阶段排列顺序正确的是（　　）。

   A. 提出构想、寻找机会、迅速行动、忍耐坚持

   B. 寻找机会、提出构想、迅速行动、忍耐坚持

   C. 提出构想、寻找机会、忍耐坚持、迅速行动

   D. 忍耐坚持、寻找机会、提出构想、迅速行动

二、多选题

1. 创新具有以下特点（　　）。

   A. 新颖性　　B. 价值性

   C. 风险性　　D. 系统性

   E. 独立性

2. 企业的技术创新主要表现在（　　）。

   A. 目标创新　　B. 制度创新

   C. 要素创新　　D. 要素组合方法的创新

   E. 产品创新

3. 就组织外部而言，有可能成为创新契机的变化主要有以下四个方面：（　　）。

   A. 技术的变化　　B. 人口的变化

   C. 宏观经济环境的变化　　D. 文化与价值观念的转变

   E. 经营中的“瓶颈”

4. 创新实践的步骤包括（　　）。

   A. 寻找机会　　B. 提出构想

   C. 迅速行动　　D. 坚持不懈

   E. 总结评价

5. 下列属于创新思维的有（　　）。

   A. 水平思维　　B. 发散思维

   C. 收敛思维　　D. 逆向思维

   E. 缺点列举法

三、简答题

1. 创新的特征有哪些？
2. 管理创新的内容是什么？
3. 技术创新对团队建设有哪些作用？
4. 创新需要什么样的素质？如何培养？
5. 结合实际，分析你能够在某个组织和团队中进行哪些创新？

课中训练

实训一　创新思维训练

科目1——回形针的用途

训练目的

动画：团队创新

（1）理解创新意识是进行创造性活动的出发点和内在动力。

（2）了解阻碍创新的因素。

（3）掌握增强创新意识的方法。

（4）了解创新在企业管理中的重要作用。

材料道具

一个回形针能值多少钱？它能干什么？26岁的加拿大男子卡尔告诉你他如何利用一枚红色的大号回形针，开始与人交换，所换事物经历了鱼形钢笔、陶瓷门把手、烤炉、发电机、百威啤酒桶到唱片合同，最终从一名落魄歌手那里，没花一分钱，用这份唱片合同换回一套双层公寓一年的使用权。在这个故事里，回形针不过是个道具而已，不是回形针也可以是一根小铁钉或是一张白纸。

今天我们就是要让回形针成为主角。一个小小的回形针，你能想到它能有多少的用途吗？有些用途说出来可能天马行空，但也许某天真能派上用场！

训练时间　30分钟。

规则程序

（1）将学生分成若干小组，每个小组建议4～6人，并给各组发放课题报告册。

（2）告诉小组所有成员头脑风暴的基本准则，学生不得违反：

①不允许有任何批评的意见；

②欢迎异想天开，想法越离奇越好；

③我们所要求的是数量而不是质量；

④我们寻求各种想法的组合和改进。

（3）请各组采用头脑风暴方法，在1分钟内尽可能多地想出回形针的用途。

（4）每组指定一人负责记录想法的数量，而不是想法本身。

（5）在1分钟后，请各组汇报他们所想到的创意的数量，然后选出其中最疯狂的或最激进的创意。

（6）上述过程结束后，教师给各组提供讨论题，让学生完成，并提交报告。

问题讨论

（1）当你在进行头脑风暴时，还存在一些什么样的顾虑？

（2）你认为头脑风暴法适合于解决哪些问题？

（3）你现在能想到的在工作中可以利用头脑风暴法的地方有哪些？

（4）创意数量是否足够多？创意是否具有实用性？创意是否具有突破性？

团队角色

本科目训练中你在组内的角色，请在右侧4种角色中选择符合自己的打"√"	（1）意见领袖	（2）响应者	（3）反对者	（4）观望者

个人感悟

科目2——新汉堡包名称

训练目的

（1）激发创造力，以便搜寻新点子。

（2）激励学生，提高团队绩效。

材料道具　对两大组分别的指示。

训练时间　30分钟。

规则程序

（1）把团队分成两个大组：疯狂创造者与保守设计者，然后再把每个小组划分成3～5人的小组。

（2）给所有的参与者提供纸和笔。需要为所有小组设计的书面指示：一套指示是为疯狂创造者设计的，另一套则是为保守设计者准备的。对于疯狂小组来说，要尽量鼓励他们创造出更多的异想天开的点子，强调新奇；对于保守小组来说，则要鼓励他们创造出尽可能多的容易被世俗接受的点子。

（3）告诉大家现在有这样一个任务：

刚愎自用的山姆是研究与开发部的负责人。山姆开发出一种新的低热量汉堡包，当然他愿意起名为"山氏汉堡包"。你要说服他，让他认识到这种命名是不恰当的。

将适当的指示分发给疯狂创造者与保守设计者小组中的每一个人，并让他们遵从指示，准备与山姆会见。

（4）给他们15分钟的时间来执行他们的指示，然后从所有的小组里或从某些小组里找出一些代表来做报告。在这些小组做报告的时候，记录下两组关键的数字：①每一组中提出的新汉堡包名字的总数；②每一组中提出的新奇汉堡包名字的总数。决定哪一组平均而言表现得更好，是疯狂创造者还是保守设计者。

（5）向每个人解释两个小组接受的指示有怎样的不同，并把你收集的数字汇总。疯狂创造者（接受开放式指示的小组）与保守设计者（接受传统限定式指示的小组）相比，很可能会有：①（平均而言）更多的汉堡包名字；②（平均而言）更多的新奇的汉堡包名字。

（6）如果大家愿意，可以设立一个合议团来裁定这两个小组对汉堡包命名的创造性。

问题讨论

（1）这些小组的表现不同吗？怎么不同？为什么开放式指示要比限定式指示产生出更多和更好的成果？

（2）什么是开放式指示？它们与传统的指示有什么不同？

（3）在你的工作中接受什么类型的指示？开放式的还是限定式的？举一些例子。

（4）为什么开放式指示比限定式的指示能产生出更多和更好的主意？

（5）应该怎样改进你的工作环境中的指示，来创造更多更好的主意？

团队角色

本科目训练中你在组内的角色，请在右侧4种角色中选择符合自己的打“√”	（1）意见领袖	（2）响应者	（3）反对者	（4）观望者

个人感悟

科目3——搭建导航塔

训练目的

（1）通过大家建造一座导航塔，充分地促进学生创新思维的发挥。

（2）培养团队合作精神。

材料道具 纸杯，报纸，透明胶带，吸管，橡皮筋，剪刀。

训练时间 30分钟。

规则程序

（1）将全体成员分成6～8人一组，分发所有道具。

（2）每个小组的任务是建造一座导航塔，越高越好。

（3）分发道具后，宣布每个小组要充分发挥创新意识来建造这个塔。

注意：所建造的塔最后要接受其他组的考验，以吹不倒并且最高为胜利。

问题讨论

（1）在建造塔的过程中，你们组有没有想出什么绝妙的主意，可以让塔垒得更高？

（2）你的组是如何工作的？为什么你们的塔最低？别人是怎么做到的？

（3）从高塔本身而言，你获得了哪些团队管理方面的启示？

团队角色

本科目训练中你在组内的角色，请在右侧4种角色中选择符合自己的打“√”	（1）意见领袖	（2）响应者	（3）反对者	（4）观望者

个人感悟

实训二　团队创新训练

科目1——激情音乐会

训练目的

（1）团队竞争和合作精神的培养。

（2）团队激励意识的培养。

（3）大团队观念的培养。

（4）培养创新思维。

动画：团队创新精神

基于激励的主题，本游戏的主旨在于从竞争合作中提升团队积极性，激励团队士气，激发团队参与热情。

材料道具　事先准备的乐器。

训练时间　30～40分钟。

规则程序

（1）教师事先准备一些乐器，不需要特别的专业乐器，以打击乐器为主，也不需要真的打击乐器，通过敲击发声的材料即可，但种类越多越好。

（2）根据准备的乐器种类将学生分组，保证每个学生都能参与。

（3）宣布游戏规则：在接下来的30分钟时间内，需要所有学生利用手中的“乐器”敲击声音，最终汇成一支和谐的曲调；以声音最突出的小组为优胜小组；当2/3的小组觉得可以开始演练时，教师组织大家演练；当2/3的小组觉得有必要私下商量探讨的时候，教师则宣布自由讨论，除了不能交换各组之间的乐器外，可以做任何可以做的事情。

（4）评选最优小组时以所有学生的意见为主，教师做最后决定。

（5）如果教师不通乐理，可以邀请相关专业人士参与；或者指定具备相应能力的学生作为观察评判员。

（6）最终的曲调完美演奏2分钟则算作任务完成。

问题讨论

（1）各个小组内部对于整个团队的任务持什么看法？关键点在哪里？

（2）小组个体有没有实施困难的方面？比如，小组内部完全不能和谐，总有人发出杂音怎么办？

（3）在既有小组训练又必须有大团队训练的时候，如何合理安排时间资源？

（4）大团队有没有领导团队？领导团队属于技术型领导还是外行型领导？

（5）各小组对于优秀小组的名誉如何看待？因为和谐曲调总需要低音和高音配合，虽然低音未必不能突出，但机会会比高音少很多，有主动演奏低音的小组吗？

团队角色

本科目训练中你在组内的角色，请在右侧4种角色中选择符合自己的打“√”	（1）意见领袖	（2）响应者	（3）反对者	（4）观望者

个人感悟

科目2——自由生物链

训练目的

（1）个人激励和团队意识的培养。

（2）培养创新思维。

（3）提升主动沟通能力。

材料道具 制作好的挂式身份牌、“俘虏”标签。

训练时间 30~40分钟。

规则程序

（1）制作和参与学生人数一样多的身份牌，可以挂在脖子上的那种。

（2）事先设计一个可以循环的生物链，只要是自然界存在的都可以，如“二氧化碳—绿色植物—动物—人类—二氧化碳”这样的，以不超过6级为宜。

（3）生物链中每级数量根据实际参与人数确定，要较为平均地分配。

（4）将生物链中的名称写到身份牌上，让所有学生随机抽取一张，在游戏开始前不能显示和传阅。

（5）宣布游戏规则。

①游戏的进行模式非常自由。

②上级生物类（如绿色植物为二氧化碳的上级生物类）可以“俘虏”下级生物类，被“俘虏”的学生必须随同其他“俘虏”者一起行动，不得自己行动。

③当上级生物类提出要“俘虏”下级生物类时，下级生物类不能拒绝，但有权决定“俘虏”决胜模式，即要求分出胜负，可以当场执行，如唱歌、吟诗、剪刀石头布、脑筋急转弯等。当上级生物类在下级生物类提出的“俘虏”决胜模式中获胜时，便顺利“俘虏”下级生物类，否则算作失败。

④下级生物类可以解救“俘虏”，拥有“俘虏”的上级生物类不能拒绝，但可以决定决胜模式，即胜利之后不必释放“俘虏”，但失败了就必须交出一名“俘虏”。

⑤当两个不同级的生物类正在进行决胜模式时，其余人不能插入，必须等他们决出胜负之后才能插入。

⑥不能够越级“俘虏”。

⑦被解救出来的“俘虏”重获自由身，可以自由安排自己的去向，当然，必须在场地之内。

⑧最后以获得最多“俘虏”的个人为优胜，多人团队要用“俘虏”总数除以团队人数。

（6）教师宣布游戏开始之后要督察是否有违规现象，如果遇到纠纷随时解决。

（7）游戏结束之后评选出优胜者，可以有多名。

问题讨论

（1）在这个游戏中，团队和个人各有哪些优劣之处？你是如何选择的？为什么？

（2）游戏开始之后，有多少人对自己设定了一个比较明确的预期目标？都达成了吗？

（3）当看见其他学生都在积极努力的时候，对你是否可以产生一种直接的激励？

（4）你或者你的团队是如何扬长避短来争取胜利的？对于现实生活或者工作这有什么积极意义？

（5）有没有在遇到挑战的时候，比如，完全不会唱歌的人被对方要求唱歌，在这种情况下，你是选择放弃还是选择努力尝试？

团队角色

本科目训练中你在组内的角色，请在右侧4种角色中选择符合自己的打“√”	（1）意见领袖	（2）响应者	（3）反对者	（4）观望者

个人感悟

科目3——99.9%又怎样？

训练目的

（1）打破思维定式。

（2）拓展思维训练。

（3）激励学生不断挑战自我、设定更高目标。

材料道具 列有相关统计数字的资料人手一份，内容见参考资料。

训练时间 20～30分钟。

规则程序

（1）提问：如果在座的学生奉命去主管一条生产线，他们可以接受怎样的质量标准（质量标准用合格品占全部产品的百分比来表示）？以举手方式统计学生可以接受的质量标准，填写表6-2。

表6-2 统计学生的接受情况

百分比	接受人数
90%	
95%	
96%	
97%	
98%	
99%	

（2）告诉学生，现在有些公司正在努力把不合格率降到仅为0.1%，即99.9%的质量合格率！提问：是否99.9%的合格率已经足够？

（3）举出参考资料上令人震惊的统计数字，说明即使是99.9%的合格率也会造成严重的不良后果。

问题讨论

（1）你是否仍然对99.9%的合格率感到满意？

（2）顾客是否会对此标准感到满意？

参考资料

很多时候我们认为99.9%的合格率已经够好了，或者顾客对99.9%的合格率已经满足了。但是事实真的如此吗？这个游戏将帮助大家更好地认识这个问题，并在工作的过程中摆正自己的心态。

如果99.9%已经够好的话，那么……

每天会有12个新生儿被错交到其他婴儿父母手中。

每年会有11.45万双不成对的鞋被装船运走。

每小时会有18 322份邮件投递错误。

250万本书将被装错封面。

《韦氏大词典》将有315个词条出现拼写错误。

每年会有2万个误开的处方。

将有88万张流通中的信用卡在磁条上保存的持卡人信息不正确。

年中将有103 260份所得税报表处理有误。将有550万盒软饮料质量不合格。

291例安装心脏起搏器的手术将出现失误。

团队角色

本科目训练中你在组内的角色，请在右侧4种角色中选择符合自己的打“√”	（1）意见领袖	（2）响应者	（3）反对者	（4）观望者

个人感悟

思政园地

创新引领，协同作战
——华为研发团队

华为研发团队，作为中国科技企业的杰出代表，以其卓越的创新能力和高效的团队协作，在全球科技舞台上崭露头角。这个团队不仅承载着华为公司的技术梦想，更肩负着推动中国乃至全球科技进步的重任。

华为研发团队注重创新，不断突破技术瓶颈。他们紧跟科技前沿，致力于研发具有自主知识产权的核心技术，为华为的产品和服务提供了强大的技术支撑。在5G、云计算、人工智能等领域，华为研发团队取得了显著成果，赢得了国内外市场的广泛认可。

在团队协作方面，华为研发团队同样表现出色。他们采用先进的矩阵式管理模式，确保资源线、业务线、项目线和专业线之间的紧密配合。团队成员之间分工明确，但又能够相互支持，共同应对各种挑战。这种协同作战的精神，使得华为研发团队能够在短时间内迅速响应市场需求，推出高质量的产品和服务。

华为研发团队的成功，离不开每一位成员的辛勤付出和无私奉献。他们秉持着“以客户为中心，以奋斗者为本”的核心理念，不断追求卓越，为华为的发展贡献着自己的智慧和力量。

华为研发团队的故事，是团队协作和创新精神的生动体现。认识到团队协作和创新精神的重要性，学会如何在未来的学习和工作中更好地与他人合作，共同创造更加美好的未来。

课后实战

商务谈判团队实战

实战一　商务谈判准备

任务1　组建商务谈判团队

任务描述 商务谈判团队一般由商务人员、技术人员、财务人员、法律人员和翻译人员构成，组员根据业务分工，有主谈和辅谈的合作与分工，前台和后台的合作与分工，确定各自职责，完成表6-3。

表6-3　商务谈判团队分工

商务谈判团队角色	分配组员	分工
商务人员		
技术人员		
财务人员		
法律人员		
翻译人员		
……		

任务2　制定商务谈判议程

任务描述　谈判议程是指谈判中要讨论解决的问题及其先后顺序，确定各自职责，完成表6-4。

表6-4　制定商务谈判议程

任务名称	研究结果
时间安排	
确定谈判议题	
拟定通则议程	
拟定细则议程	
己方拟定谈判议程应注意的几个问题	
对方拟定谈判议程应注意的几个问题	

任务3　营造开局气氛

任务描述　商务谈判开局气氛有高调气氛、低调气氛和自然气氛，组员为谈判撰写一份营造开局气氛的方案，完成表6-5。

表6-5 撰写营造开局气氛的方案

任务名称	研究结果
高调气氛方案	
低调气氛方案	
自然气氛方案	

任务4 商务谈判摸底

任务描述 设计一个谈判摸底阶段的情景剧，谈判风格有合作性、妥协型、顺从型、控制型、避免型，完成表6-6。

表6-6 商务谈判摸底

任务名称	研究结果
窥视对方信息的方法	
防止对方窥视的技巧	
分析不同谈判风格	

实战二 商务谈判磋商

任务1 报价与议价

任务描述 团队成员讨论分析可选择的报价和议价的方式，设计情景剧，进行分角色演练，模拟报价与议价，完成表6-7。

表6-7 模拟报价与议价

任务名称	研究结果
报价的依据 报价的方式 如何进行价格解释 讨价过程记录 确定还价方式 ……	

任务2 对抗与让步

任务描述 团队成员根据案例情景设计谈判让步方案，内容应包括如何选择让步时间、让步对象、让步方法、让步来源、让步幅度、让步模式等，完成表6-8。

表6-8 设计谈判让步方案

任务名称	研究结果
让步时间	
让步对象	
让步方法	
让步来源	
让步幅度	
让步模式	

任务3 处理谈判僵局

任务描述 团队成员根据案例情景设计打破僵局的方法，完成表6-9。

表6-9 处理谈判僵局

任务名称	研究结果
分析谈判僵局的成因和影响因素	
设计打破僵局的方法和技巧	

任务4 沟通与说服

任务描述 团队成员根据案例情景设计沟通与说服提纲，完成表6-10。

表6-10 设计沟通与说服提纲

任务名称	研究结果
谈判的语言沟通中听的注意事项	
谈判的语言沟通中叙的注意事项	

续表

任务名称	研究结果
谈判的语言沟通中问的注意事项	
谈判的语言沟通中答的注意事项	
谈判的非语言沟通中的目光语	
谈判的非语言沟通中的表情语	
谈判的非语言沟通中的手势语	
谈判的非语言沟通中的体态语	
谈判中的说服技巧	

实战三　商务谈判签约

任务1　熟悉商务谈判合同

任务描述　根据教师提供的销售情景，各小组成员讨论设计一份商务谈判合同，完成表6-11。

表6-11　设计商务谈判合同

任务名称	研究结果
购销合同一般格式	
购销合同基本条款	
购销合同文字表述要求	

任务2　谈判合同的起草与签署

任务描述　团队成员讨论谈判合同审核的要点，根据提供的情境，撰写签约仪式报告，完成表6-12。

表6-12　撰写签约仪式报告

任务名称	研究结果
起草谈判合同要点	
签约仪式设计要点	
签署谈判合同要点	

任务3　谈判后的管理

任务描述　团队成员讨论谈判后的管理要点，完成表6-13。

表6-13　谈判后的管理要点

任务名称	研究结果
谈判后的归纳总结	
谈判资料的保存与保密	
与谈判对象的保持和联系	

技能测试

测试　创新意识测试

请完成以下测验，检测自己是否具备创新意识。如果符合你的情况，请回答“是”，不符合请回答“否”，拿不准则回答“不确定”。

（1）你认为那些使用古怪和生僻词语的作家，纯粹是为了炫耀。

（2）无论什么问题，要让你产生兴趣，总比让别人产生兴趣要困难得多。

（3）即使是十分熟悉的事物，你也常用全新的眼光看待它。

（4）你常常凭直觉来判断问题的正确与错误。

（5）你善于分析问题，但不擅长对分析结果进行综合、提炼。

（6）你审美能力较强。

（7）聚精会神工作时，你常常忘记时间。

（8）你做事总是有的放矢，不盲目行事。

（9）你的兴趣在于不断提出新的建议，而不在于说服别人去接受这些建议。

（10）你喜欢那些一门心思埋头苦干的人。

（11）你不喜欢提那些显得无知的问题。

（12）你特别关心周围的人怎么评价自己。

（13）对周围的新事物感到好奇，一旦产生兴趣就很难放弃。

（14）你认为按部就班，循序渐进才是解决问题最正确的方法。

（15）你关心的问题是“是什么”，而不是“为什么”。

（16）你总觉得自己还有潜力。

（17）你不能从他人的失败中发现问题、吸取经验和教训。

（18）你对工作过于热情，当一项工作完成之后总有兴奋感。

（19）遇到问题能从多方面探索它的可能性，而不是拘泥于一条死路。

（20）你认为，如果打破固有的理念、行为方式、秩序或者体制，就不能建立更好的模式。

评分标准

评分标准如表6-14所示。

表6-14　创新意识测试评分标准

题号	“是”评分	“否”评分	“不确定”评分
（1）	1	2	0
（2）	0	4	1
（3）	3	1	0
（4）	2	1	0
（5）	3	0	1
（6）	1	2	0
（7）	1	2	0
（8）	0	2	1
（9）	2	0	1
（10）	0	2	1
（11）	0	3	1
（12）	0	2	1
（13）	2	1	0
（14）	0	3	1

续表

题号	“是”评分	“否”评分	“不确定”评分
(15)	0	2	1
(16)	3	0	1
(17)	0	3	1
(18)	2	1	0
(19)	3	0	1
(20)	0	3	1

测试结果说明

得分36分以上，说明被测试者是一个具有很强创新意识的人，有着将思考结果加以实现的能力。如果被测试者已经有所成就，要戒骄戒躁；如果暂时还没有成就也不用着急，只要努力总会在某些方面崭露头角。这一类人群适合从事环境较为自由，没有太多约束，对创新有较高要求的职位，如装潢设计、工程设计、软件编程等。

得分22～35分，说明被测试者的创新意识一般，对事物判断讲究现实，习惯采用现有的方法与步骤来思考和处理问题，很难有较大的创新成就。思维灵活性是创新的基础，被测试者可以尝试做一些培养创新意识的训练。这一类人群适合从事管理、市场营销等方面的工作。

得分22分以下，说明被测试者缺乏创新意识，比较循规蹈矩，做事一板一眼，一丝不苟，而且凡事讲究原则，遵守制度。这一类人群适合从事对纪律性要求较高的职位，如会计、质量监督员等。

参考文献

[1] 李旋旗，吴雨桐，万玉龙. 团队管理与建设［M］. 青岛：中国海洋大学出版社，2017.

[2] 詹秀娟. 团队合作［M］. 北京：中国轻工业出版社，2019.

[3] 张晓燕，王志峰. 管理学基础实训教材［M］. 北京：中国轻工业出版社，2022.

[4] 赵雨，刘敏. 社群营销［M］. 北京：人民邮电出版社，2020.

[5] 湛玉婕，王永. 直播电商［M］. 北京：北京邮电大学出版社，2021.

[6] 于广天. 项目管理实务［M］. 北京：中国轻工业出版社，2020.

[7] 刘永中，金才兵，何乔. 管理培训游戏全案［M］. 广州：广东经济出版社，2008.

[8] 李红，李春侠. 市场调研与分析［M］. 北京：高等教育出版社，2022.

[9] 张晓燕，马娜. 营销心理学［M］. 徐州：中国矿业大学出版社，2018.

[10] 张幸花，李冬芹. 推销与商务谈判［M］. 大连：大连理工大学出版社，2022.